7天练就好口才

7 Days to Master Eloquence

江丫丫 ◎ 著

化学工业出版社

·北京·

内容简介

《7天练就好口才》是一本旨在帮助读者快速提升口语表达能力的实用指南。本书通过7天的系统训练，从重拾信心、框架搭建、内容表达、案例打磨、呈现优化、听众思维到持续成长，全方位提升读者的口才。每一天的训练都包含了具体的方法、案例分析和实战练习，同时结合AI技术的赋能，让口才提升更加高效。

阅读本书，读者将学会如何战胜表达不自信，运用多种结构搭建表达框架，丰富内容细节，增强说服力，优化呈现方式，并掌握听众思维，让表达更加精准有效。7天训练的最后一天，本书还提供了持续成长的策略，帮助读者在口才提升的道路上不断前行。通过这7天的训练，读者将能够轻松应对各种场合的口语表达，展现自信与魅力。

图书在版编目（CIP）数据

7天练就好口才 / 江丫丫著. -- 北京：化学工业出版社，2025.4. --ISBN 978-7-122-47466-7

Ⅰ. H019-49

中国国家版本馆CIP数据核字第2025HR7021号

责任编辑：夏明慧
责任校对：张茜越　　　　　　　　　　　封面设计：李　冬

出版发行：化学工业出版社（北京市东城区青年湖南街13号　邮政编码100011）
印　　装：三河市双峰印刷装订有限公司
880mm×1230mm　1/32　印张 7$\frac{1}{2}$　字数160千字　2025年5月北京第1版第1次印刷

购书咨询：010-64518888　　　　　　　售后服务：010-64518899
网　　址：http://www.cip.com.cn
凡购买本书，如有缺损质量问题，本社销售中心负责调换。

定　　价：49.00元　　　　　　　　　　　　　　　版权所有　违者必究

前言

在现代社交环境中,良好的口才是一项关键的人际交往能力。尽管如此,许多人在面临需要表达个人观点或进行公开演讲的情况时,常常会感到焦虑和缺乏自信,这影响了他们的表达流畅性和说服力。幸运的是,有效的口才训练方法为这些人提供了提升自我表达能力的机会。

当今社会对个人综合素质的要求日益提高,良好的口才已成为职场竞争中的一大优势。通过有针对性的练习和系统化训练,结合人工智能工具,人们可以如同掌握一项技能般,灵活运用语言,轻松应对各种沟通场景,提升社交能力。近年来,沟通技巧训练方法的持续优化使得人们只需进行更短时间的实践和练习,就能学会有效的说服技巧和演讲策略。

在提升口才的过程中,个人在商业谈判、团队交流、展现领导力等方面将逐渐具有影响力。擅长运用口才进行有效沟通,已成为求职者在面试和职场晋升中的一个重要优势。因此,锻炼出色的口才不仅能调整自身的状态,还能为职业生涯开辟更宽广的道路。

笔者的使用体会

表达真的可以突击吗?真的有所谓的"临时抱佛脚"这一说吗?真的有高效的突击训练方式和方法吗?答案是肯定的。

但我遇到的很多在表达尤其是公众表达上有困难的学员曾经在面对这些问题时,给出的答案并不肯定。

起初我也是如此。回想自己能成为一名演讲教练,也是从漫长的训练开始的。这一练,就练了上千天,中间也经历了很多,当然也成长了很多。

然而事实上,并不是所有人都能有这么多时间和精力来做这样的训练。细数我原来遇到的很多练习公众表达的学员,他们大多是从语气和语调、肢体动作开始慢慢调整,代入情绪;然后在练习中发现内容需要不断调整、逻辑框架需要迭代;等临上台时,又紧张万分;最后上台的表现勉勉强强,兜兜转转一圈仿佛回到原点。

于是他们得出一个结论——我没有足够的时间练习。

真的是这样吗?

如果给他们足够的时间练习,他们真的会去练习吗?就算练习了,等到上台的时候真的都能发挥出来吗?

我持怀疑态度。

如果没有方式、方法,没有针对性地去"刻意练习",再多练习也没有多大效果,甚至还可能产生负面效果。只有运用有效的方法,才有可能取得事半功倍的效果。

"刻意练习"这个概念在安德斯·艾利克森博士的《刻意练习:如何从新手到大师》中的定义是:刻意练习是一种高度集中的、有目的性的练习,它涉及完成一系列恰好超出个人当前能力范围的小任务,以促进技能的显著提升。书中指出,刻意练习必须具备以下几个要素，才能被称为是有效果的练习：一是明确的目标，二是反馈，三是专注，四是突破舒适区。

以上刻意练习的方法已经被许多人实践，并在各自不同的领域取得了显著的成效。而我十多年公众表达培训的辅导要点，也基本对应上了以上几大要素。因为通常来找我辅导的学员，一般都存在以下几种情况：

（1）能力弱：头脑中没有形成对公众表达的认知，没有经过系统的公众表达训练，公众表达的经验少。

（2）时间紧：大多在距离某重要公众表达场景只有不到半个月时间，甚至短则不到一周的时间才开始练习。

（3）压力大：该表达场景非常重要，也许有自己的领导在场，或者该场景中自己的表现会影响到职业晋升等。

面对以上这些情况，要想在很短的时间内提升技能，我首先要为他们做出有针对性的目标设定，并根据他们的完成情况及时给出有针对性的反馈；其次随着技能提升，还要让他们做到内核稳定，即培养他们专注于自身演讲的定力以及走出舒适区的强大心态。

将"刻意练习"四大影响因素和公众表达口才训练相结合，这当中有技能方面需要提升的地方，如语气和语调、肢体动作、逻辑框架应用、即兴表达思路组织，更有心态上自信的提升以及舞台上的定力修炼。

本书的特色

▶ **通俗易懂**：采用对话表达的方式教授口才，通过教练与学员的互动对话，让读者身临其境地体验和学习表达技巧。

▶ **实战讲解：** 基于大量学员案例，分析口才学习中的常见误区，并提供具体方法，帮助读者规避实践中常见的难题。

▶ **即时反馈：** 每章的最后一节设有练习题目，鼓励读者通过实际操作来加深理解和掌握技能。

▶ **AI 辅助：** 结合 AI 技术，为每个章节知识点提供 AI 应用指南，帮助读者快速产出内容，使口才表达的准备工作更加高效。

本书的内容

为帮助各位读者大致了解本书的 7 天学习之旅是如何规划的，笔者绘制了如下的各章内容分布图。大家也可以根据自身情况有选择性地阅读自己当下最需要的内容，有针对性地提升自身的口才。

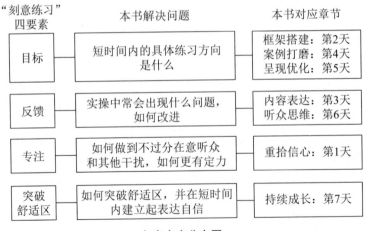

各章内容分布图

基于刻意练习的四大构成要素，本书也分为四个部分：

（1）目标（Target）

解决问题：短时间内的具体练习方向是什么？

对应章节：框架搭建（第2天）、案例打磨（第4天）、呈现优化（第5天）

（2）反馈（Feedback）

解决问题：实操中常会出现什么问题，如何改进？

对应章节：内容表达（第3天）、听众思维（第6天）

（3）专注（Focus）

解决问题：如何做到不过分在意听众和其他干扰，如何更有定力？

对应章节：重拾信心（第1天）

（4）突破舒适区（Breaking Comfort Zone）

解决问题：如何突破舒适区，并在短时间内建立起表达自信？

对应章节：持续成长（第7天）

读者可以按照全书的顺序，从第1天开始，按照顺序阅读，体验整个表达准备流程。读者也可以根据需要选择对应部分进行阅读。

读者在阅读本书过程中遇到问题可以通过微信或邮件与笔者联系，微信号是cocojiang517，电子邮箱是3164480365@qq.com。

本书的读者对象

> **初学者和进阶者：** 希望在短时间内提高口语表达能力的人。

> **职场人士：** 需要在工作中进行有效沟通和公众表达的职场人士。

> **学生：** 尤其是那些需要作报告、演讲或参与辩论的学生。

> **教师和培训师：** 想要提高教学和培训效果的教师和培训师。

≫ 演讲者和主持人： 需要提升舞台表现力和现场互动能力的演讲者和主持人。

≫ 领导者和管理者： 想要通过表达力来提升领导力和管理效率的领导者和管理者。

≫ 销售人员： 需要提高说服力和掌握客户沟通技巧的销售人员。

≫ 心理咨询师和治疗师： 需要与客户建立良好沟通关系的专业人士。

≫ 任何想要提升自信和沟通能力的人： 对个人成长和沟通技巧提升有需求的人。

目录

重拾信心

第1天 你不是不行，只是你觉得不行

1.1 战胜表达的敌人——不自信　　·002·

1.2 记录成长的进步——我能行　　·008·

1.3 找寻前行的动力——定目标　　·011·

1.4 AI赋能口才表达——快速掌握AI基本应用逻辑　　·013·

第1天小练习——收拾心情，整装出发　　·020·

框架搭建

第2天 你不是没思路，只是缺点小方法

2.1 总分总的 AGC 结构　·023·

2.2 谈看法的 PREP 结构　·039·

2.3 谈做法的 PRM 结构　·043·

2.4 AI 赋能口才表达——30 秒用 AI 搭框架　·048·

第 2 天小练习——工作中的即兴发言　·055·

内容表达

第3天 你不是太平淡，只是缺点小细节

3.1 利用"五觉"表述细节　·060·

3.2 巧妙运用修辞手法　·071·

3.3 创意设计幽默梗　·080·

3.4 AI 赋能口才表达——30 秒用 AI 为细节润色　·087·

第 3 天小练习——场景描述训练　·095·

案例打磨

第 4 天　会举例，增强表达说服力

4.1　案例表达的对钩（√）模型　·099·

4.2　制造悬念的原因公式　·106·

4.3　提起兴趣的 SCQA 结构　·112·

4.4　AI 赋能口才表达——用 AI 30 秒高效产出案例　·116·

第 4 天小练习——案例表达训练　·123·

呈现优化

第 5 天　人生如戏，全靠"演"技

5.1　让表达像呼吸一样自然：表达气息的使用　·131·

5.2　让表达像唱歌一样悦耳：表达的语气和语调　·138·

5.3　让表达像舞蹈一样优美：表达的肢体动作及台风　·142·

5.4　应对失误的策略与训练　·151·

5.5　AI 赋能口才表达——30 秒用 AI 协助呈现　·156·

第 5 天小练习——登台实操演练　·161·

听众思维

第6天 掌握听众思维让你事半功倍

6.1 抓住核心关注点——WWH 定目标 ·164·

6.2 排查内容风险点——听众心理的模拟 ·167·

6.3 一头一尾查亮点——痛点、爽点、爆点 ·179·

6.4 AI 赋能口才表达——30 秒用 AI 迭代内容 ·182·

第 6 天小练习——优化听众思维检视表 ·190·

持续成长

第7天 以微小付出破除坚持的痛苦

7.1 微联结：提升语言表达 ·193·

7.2 微联想：提升思维创意 ·199·

7.3 微展示：提升表达魅力 ·204·

7.4 AI 赋能口才表达——AI 工具使用注意事项 ·212·

第 7 天的启航之路——写给准备出发的你 ·223·

后记

第 1 天

你不是不行，只是你觉得不行

》 过度紧张的成因及识别三种类型的紧张
》 成功日记助你化解内在不自信
》 目标制定助你切实找到前行方向

重拾信心

好的开始是成功的一半。学习口才，心态是基础。有了自信的状态，你才有侃侃而谈的可能。本章将为大家分析导致表达紧张的根本原因，并深刻分析背后成因，给出具体可落地的应对方法。

1.1 战胜表达的敌人——不自信

一个炎热的午后，张俊怀着忐忑不安的心情来到一扇门前，敲了敲门。

"请进。"一个温柔的女声传来。

张俊舔了舔干燥的唇，咽了下口水，推开门。迎面坐着个和蔼的女老师，微笑地望着他。

"您就是张俊，对吧？"

"是的。"张俊点点头，有些局促不安。他环视四周，透过宽阔的落地窗能够看见对面的商业大楼，只见楼里人来人往，好在大楼足够远，听不到什么嘈杂的声音。在这个十来平方米的咨询室坐下后，张俊看着眼前的老师，努力尝试着在嘴角挤出一丝微笑，说道："是小李推荐我来的，他说丫丫老师帮助他在口才方面提升了不少。"小李是张俊的老同事，在工作中也给予了张俊很多帮助。

"谢谢，小李也是个很努力的学员。能帮到他我很开心。"丫丫老师微笑着继续说道，"小李跟我说了您的情况，您主要是想提升自己的公众表达能力，对吧？"

"是的，我的主要问题是紧张。"一瞬间，张俊回想起半个

第1天　你不是不行，只是你觉得不行

月前的工作会议上，自己要进行一项重要的工作汇报，但自己的表现实在是不尽如人意。一进入会议室，看到坐了一排的领导，他就开始不由自主地发抖。他感觉到自己的声音都是抖的，双腿好像也在发颤，好像在暗示他快点逃开。在这种情况下，他大脑一片空白，什么也想不起来了。一不小心瞥见坐在下面的直属领导深深皱眉，他心里就两个字——"完了"！匆匆汇报完工作，没想到领导又问他很多问题，领导问一句，张俊就被动地答一句。最后他是怎么走出会议室的，他都不记得了。

作为一名基层主管，张俊今年已经34岁了，公司每年都有大批新人入职，"长江后浪推前浪"，张俊明白，竞争激烈，自己剩下的机会也不是特别多了。在这样的情况下，张俊在各位领导面前做汇报的压力就更大了。因为压力增大，他更紧张了，一紧张就表现得更差了，表现得更差，压力又更大了……他仿佛陷入了一个死循环，让他喘不过气来，仿佛有一双让人恐惧的手在把他往绝望的深渊里拉。张俊的压力恶性循环状态如图1-1所示。

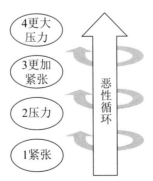

图1-1　张俊的压力恶性循环图

"紧张是正常的。"丫丫老师说，"重点是要区分清楚你属于哪种类型的紧张。"说罢，丫丫老师在对面的小白板上写起来。

1.1.1 三种类型的紧张

①**知识型紧张**：只是因为对表达内容不熟悉而导致的紧张。如：一个经常做培训的内训师，对培训技能很了解，但对第一次讲的内容不熟悉而紧张。

这种紧张其实比较好把控，方法就是提升专业度。比如演讲稿不熟，那就多背诵直到滚瓜烂熟，重在加强对要表达的内容的积累和熟悉程度。

②**技能型紧张**：对内容比较熟悉，但是缺乏表达的技巧。如：对自己的专业知识非常熟悉的老专家，由于对公众表达技巧不太精通，在表达呈现上可能会顾此失彼。

这种紧张要稍微多花一些时间来克服，如系统学习公众表达的呈现技巧，增加公众表达的次数同时注意反馈，重在加强对公众表达技能的练习。

③**状态型紧张**：由于内在期望过高，或者过分在意他人看法，认为自己表达的内容价值不高而产生的紧张。同时，状态型紧张很有可能会伴随不自信的情况。

状态型紧张严重者，会加剧知识型和技能型两种紧张类型的严重程度，让原本有专业知识储备、有呈现能力的人也可能发挥不出来应有的水平。

很多人在学习口才表达时会轻易认为自己的紧张是前两种紧张状态所致，而且前两种状态也较容易觉察到。而第三种紧张类型却容易被人忽视，属于隐性状态。不同的紧张类型如图1-2所示。

"你感觉自己属于哪种紧张类型呢？"丫丫老师转过脸看了看张俊。

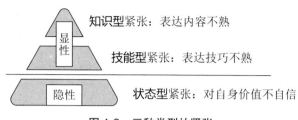

图 1-2　三种类型的紧张

"听您这么一说,我感觉这些紧张类型我都有。不过现在我明白最主要的还是状态型紧张。"

"是的,口才表达这件事,是'知识+技能+状态'的整体表现。如果只是夯实基础知识,不练习呈现技能,是学不好的;如果只有知识和技能,不做状态上的调整,更是学不好。"

1.1.2　突破紧张

"哦,难怪我之前逼自己一次次去练习,但是状态越练越差,陷入恶性循环。因为根本搞错了真正的问题所在!"张俊恍然大悟。

"真不错,看来你已经发现之前的学习误区了。"丫丫老师笑得很开心,"所以现在对于你来说真正的问题就变成了什么呢?"

张俊想了想,说:"嗯……先说如何解决自己的状态型紧张,之后再说如何解决技能型紧张,对吧?"说罢,他咬紧了嘴唇。

"可以这么理解。"丫丫老师点头道,"不过两者也可以齐头并进,相互促进。状态问题解决了,也会促进技能更好地提升。技能的提升也会进一步促进状态的调整。核心就在于,怎么让三者相互促进,打破恶性循环。"

"这也是最让我感到困惑的地方。到底该怎么破呢?"张俊的眼神充满期待。

"这就涉及你是怎么看待自己的。"丫丫老师拿起笔继续在白板上画起来,"如果说你是画面中这个小人儿,一想到要做公众表达就无比紧张,这种紧张影响了你的登台表现,结束后你给自己的评价是偏好还是偏差呢?"

"多半是偏差。"张俊不假思索地说。

"偏差的结论出来之后,在公众表达这件事上的自我评价就降低了一点,于是下次遇到类似场合自己的心理压力就会增大,从而导致表达更紧张,以至于形成了这样的恶性循环。"丫丫老师边说边写出如下的张俊自我评估恶性循环:

表达紧张——发挥偏差——自评降低——压力增大——表达更紧张

表达更紧张——发挥更差——自评更降低——压力更增大——表达更加紧张

……

"我们需要从这些环节里面找到突破点。你认为哪个环节是你自己主观上最容易受影响和需要调整的呢?"丫丫老师问。

表达紧张是现在自己控制不了的,发挥偏差也是在这种紧张情绪下导致的结果。张俊说:"难道是——自评?"他疑惑地看着丫丫老师。虽然道理都懂,但实操起来,还是会忍不住挑自己的毛病。

"那么如何提升给自己的评价呢?"丫丫老师眨了眨眼睛,看着张俊。张俊眉头紧锁,整个人看起来很纠结的样子。

"我们结合具体的场景来说吧。"丫丫老师仿佛看出了他的困惑。"你参加过演讲比赛吗?"丫丫老师问道。

"没,没有。"这对于张俊来说是想都不敢想的事。

第1天 你不是不行，只是你觉得不行

"如果现在要让你代表部门参加演讲比赛，且准备时间只有7天，你觉得届时你的比赛表现如何？"

"那肯定不行，我根本不是这块料。"张俊赶忙摆摆手。

"看，你的自评出来了，你认为自己不是这块料，甚至直接跳过了真实的发挥情况。但是如果我们的目的不是得奖，不是和别人PK角逐取胜，只是把这次比赛当作一个**提升**的机会，你觉得你会有改变或者进步吗？"

"那应该会有吧。"张俊挠挠头。

"所以，如果你把自评的衡量标准从与别人PK的结果，改为和自己过去相比的差距，你就更有可能会想'以前自己根本不可能参加什么比赛，但现在自己已经是有比赛经验的人了'或者'以前自己根本不可能面对这么多人讲话，特别是里面还有领导，但现在自己竟然可以同时面对这么多人和领导讲话了'。这时候你是不是就会感觉其实自己没有那么糟糕了。"

张俊点点头："这么一说，我感觉好像还真是如此。"

"所以提升自评很重要的一个方法，就是'**纵向比，横向学**'。即和过去的自己比，不要和别人比，可以通过向自己追问来调整自评的角度，把注意力真正放到自己身上。"

张俊若有所思地点点头。

"不过这个理念实践起来，初期你可能还是会不由自主地把自己和别人做对比。所以下面我要给你讲一个从潜意识慢慢让你真正把关注点放在自己身上的方法。"

"好！"张俊说。

"不过，聊了这么久，口渴了吧？喝杯水吧！"说着丫丫老师起身为张俊倒水。

1.2 记录成长的进步——我能行

"这个方法,叫作成就事件日记。"丫丫老师给张俊倒了杯水,坐下继续说道,"**在生活、工作中收集自己的成就事件,记录自己的进步,基于这些被认可、受到鼓励的事实,让自己增强自信。**"丫丫老师顿了顿继续说道:"通过每天记录自己这一天的成就,比如行走10000步,比如今天第一次上台进行公众表达等新突破的事。"

"那要是没有这种突破的事情怎么办呢?我是说我感觉自己不大可能每天都有突破。"张俊有点犯愁了。

"如果没有,就至少回顾一件今天感觉自己做过的最棒的事,这也是可以的。比如,你今天走了10000步。你觉得这算是一件有成就的事吗?"

"应该算吧。"张俊说。

"如果今天只走了8000步呢?"

"嗯,应该也算吧。"这次张俊的回答有些迟疑了。

"如果今天只走了5000步呢?"

"这……估计不算了。"

"那如果你今天在工作繁忙的情况下走了5000步,感觉会不会有些不同呢?"丫丫老师继续问道。

"这个嘛,感觉好像要好一点。"

"所以,此时你的成就事件日记就可以这样写:

原版:步行5000步。

迭代版:繁忙工作一天后,仍步行5000步。

即适当给你的成就加上一些**情境作为前提**,强化这些事完成的不易,从而更好地提升完成事情后的成就感。"

张俊点点头:"哦!原来是这样,那我应该能够找到可以写的事情。"

"是的,比如今天你来找我辅导,这也是一种突破呀,对吧?"

"确实,不仅是行动上的突破,内在突破也是一种突破。"张俊和丫丫老师相视一笑。

"就这样日积月累,之后经常回看自己的成就日志,慢慢地,内心的自我成就感就积累起来了。这种方法**就像中药一样,效果未必立竿见影,但改变一定潜移默化地产生了**。这也是我辅导很多学员打败由于自我评价较低而陷入困境的最直接的方法。"

听起来感觉不错!张俊心想。他下决心要试一试,于是他尝试在纸上写下了自己最近三天感觉颇有成就感的几件事:

日期:5月8日

成就事件:圆满完成了工作任务,没有加班。

日期:5月9日

成就事件:和许久未见的朋友愉快地吃了顿饭。

日期:5月10日

成就事件:鼓起勇气和丫丫老师沟通之后,想通了自己之前在公众表达上的一些瓶颈问题。

"不错,看来你领悟到了。"丫丫老师微笑道,"后面为了提高这种方式的针对性,你需要尤其重点记录在公众口才表达学习中的成就事件,比如'今天我面带微笑地开场了,强化了在口才表达方面的信心'。"

"明白了,要围绕着自己想要突破的口才表达问题写成就日记,一方面提升自己的表达信心,另一方面提升自己的表达技能。"

张俊点点头。

"你理解得很快。"丫丫老师对他竖起了大拇指。

"嗯,老师,我听您这么一说,感觉挺有道理的。但是,我怕自己有时候会偷懒,或者忙起来就忘了这件事儿,有没有好办法能让我一直坚持下来呢?"张俊挠了挠头,有点不好意思地问。

丫丫老师笑着摆摆手:"这事儿简单,你可以试试这样做。比如说,你可以每天晚上刷完牙准备睡觉前,固定拿出几分钟来记一下。或者,你可以在手机上定个闹钟提醒自己,一到时间手机就响了,提醒你该写日记了。"

"哦,哦,我可以用手机备忘录,或者找个专门的日记App,这样随时随地都能记,对吧?"张俊似乎找到了解决办法。

"对啊,或者你可以每周抽个时间,坐下来好好回顾一下这一周的成就,写成周记也行。不用非得天天写,这样压力也小一些。"丫丫老师补充道。

张俊显得有些兴奋:"对啊,我还可以在朋友圈晒一晒,既能鼓励自己,说不定还能给朋友们带来点正能量呢。"

"没错,就是这个意思!记住,这是你自己的故事,不用太在意别人的眼光。分享出去,也是一种勇气。"丫丫老师鼓励他。

张俊更加有信心了:"好的,老师,我会试试看的。而且,我觉得这个方法不仅能用在提高口才上,对我生活的其他方面也会有帮助吧?"

"绝对的,这就像是一种生活态度,只要你开始注意自己的成长,你会发现,每天都有新收获,生活也会因此变得更有意义。"丫丫老师满怀期待地看着张俊。

1.3 找寻前行的动力——定目标

张俊想,既然要记录自己每天的口才表达成就事件,那接下来就需要和丫丫老师制定自己的口才训练目标,不然还是不知道从何处入手。

丫丫老师好像看出了他的困惑,于是补充道:"口才表达作为一个大方向是可以的,不过如果你的目标是短期提升,那么就需要进一步明确最核心的目标,我才能更好地在短期内帮助你更好地提升。"建议可以从以下几个角度来思考对应的目标。

（1）结果目标

在口才表达上最终实现的成果。如：参加一周后的月度工作会议,进行一次比之前更流畅自信的10分钟工作汇报。

（2）过程目标

①**状态目标**：在自我认可方面提升的目标。

关键词：感觉自己对……场景/要求没有那么恐惧/在意了；感觉自己在……方面更有信心了。如：感觉自己对工作汇报没有那么恐惧了。

②**技能目标**：在结构框架、台风、语气和语调、肢体动作等方面提升的目标。

关键词：使用……技能做到……程度/水平。如：可以使用PREP结构❶做到即兴发言谈看法了。

---

❶ PREP结构是一种常用的表达结构,主要用于清晰、有条理地阐述观点或进行论证,它代表着Point（观点）、Reason（原因）、Example（例子）、Point（观点重申）。

"这里面我推荐你重点关注**过程目标**,因为有时候过分在意结果反而容易让人焦虑。"丫丫老师补充道。

这一点张俊深表认同。每一次做公众表达之前,自己总是设定一些结果目标,比如:这次一定要让领导刮目相看,这次一定要取得比赛胜利。但是每次在为了这些目标做准备的时候,想着这些目标内心就会产生巨大压力,吃不香,睡不好,准备过程中也不一定能全身心投入,最后身心俱疲、严重内耗。同时这些结果目标很大程度上都是建立在别人的认可评估之上的,比如汇报必须领导认可,比赛必须评委认可,这无形中又为自己达成目标带来了巨大的难度。

"也许做好了过程,结果也不会太差,不一定让所有人都满意,但也比之前的自己有进步。"张俊说道。

丫丫老师明白,张俊能这样想,说明他已经开始在接纳自己的进步,这会有个过程。"当然结果也是重要的,也是我们努力的最终方向。做好过程,一切自有答案。"

于是,接下来的时间,张俊开始梳理他的口才表达提升目标。

(1)**结果目标**

能够在20分钟的规定时间内流畅地完成一周后的新产品方案介绍,并镇定应对领导的提问,每个问题的回答不少于2分钟。

(2)**过程目标**

①状态目标:有信心,能感觉到自己的方案可以为公司创造价值。

②技能目标:外在呈现看起来更加自信(如:声音更洪亮,眼神上和领导有交流);对于领导的提问,有可以立即回答的表

达框架。

当然，一个好的目标规划同时也少不了截止期限。于是张俊想了想，确定了以上目标达成的时间为一周。

"现在看来，你不仅知道努力的方向，还相对比较具象地明确了提升的维度。"丫丫老师说，"接下来我们就重点根据你提到的这些目标来做训练。根据我多年的辅导经验，这些提升维度也是我辅导的大多数学员想提升的维度。这个过程中，具体有什么需要增补的地方，我们灵活机动地来调整即可。你看可以吗？"

"好的，没问题。接下来的一周就请您多多指教了，丫丫老师。"张俊双手抱拳，一脸认真。

张俊与丫丫老师的对话结束后，他走出了咨询室，阳光正好透过树梢洒在街道上，形成斑驳的光影。他深吸了一口清新的空气，感觉心中的重担似乎减轻了许多。街上的行人不紧不慢地走着，孩子们的欢笑声在空气中回荡，一切看起来都是那么和谐。

他拿出手机，打开备忘录，记录下今天的成就，眼中闪烁着希望。

他知道，每一天都是新的开始，他满怀希望，期待着更加自信的未来。

1.4 AI赋能口才表达——快速掌握AI基本应用逻辑

AI，简单来说，可以从两个不同角度理解：

广义AI（也被称作强AI），它就像一个全能的智者，能够在各种不同的领域里像人一样思考和学习，具有全面的认知能力。

狭义 AI（也被称作弱 AI），则更像是专才，比如 GPT 这样的语言模型，它在处理语言文字方面非常在行，但它的能力也就限定在这个范围内，不会涉及其他领域。

随着 AI 应用的广泛普及，公众口才表达的准备效率也大幅提升，具体体现在以下几个方面。

（1）内容研究更深入

想象一下，原来准备一篇演讲稿如果需要花几个小时，而现在有了 AI 助力，不到 10 分钟，一篇发言稿就新鲜出炉了。

这下子，我们就有更多时间去泡杯咖啡，慢慢研究我们演讲的话题了。比如，我们要聊的是"环保生活小窍门"，可以翻翻最新的绿色生活指南，找找有趣的故事，让我们的演讲不仅有料，还特别贴近生活。

（2）表达技巧更专业

AI 就像是我们演讲的练习伙伴，它能快速给我们的演讲搭好框架，我们就可以一遍又一遍地练习，打磨我们的声音、表情和手势。就像排练一出小剧，每次都能找到新的感觉，让我们的演讲更加生动，更能抓住听众的心。

（3）应对突发情况更从容

演讲中总会有点小插曲，比如时间突然不够了，或者 PPT 出了点小状况。但别担心，有了 AI，我们就好像有了个快速反应部队，能迅速调整我们的演讲内容，让一切继续顺利进行。这样，即使遇到小波折，我们也能笑眯眯地应对，让听众觉得我们既专业又亲切。同时，它也能够在我们完成一次重要的演讲之后，为我们提供复盘和迭代的建议，让我们可以一次又一次超越自己，登上新的台阶。

由此可见，如果我们能够掌握好的方法，在此基础上应用好 AI，7 天高效练就好口才也就不再是痴人说梦！

使用 AI 帮助自己提高演讲表达效率的学员这样形容 AI：

"AI 就像是一个超级聪明的助手，它能帮你把复杂的资料变成容易理解的演讲内容，让你在台上讲话时更加自信，就像是有一个看不见的智囊团在背后支持你一样。"

问题来了，我们应该如何使用 AI，才能让 AI 真正为我们高效助力呢？

其实，AI 本质上是一种工具，就像菜刀一样，取决于使用者的水平。如果你的刀工好，那么用刀切菜砍瓜自然水到渠成。如果你不知道菜刀的正确使用方法，不仅用着费劲，还可能伤手。AI 也是如此。用得好，自然可以为我们锦上添花；用得不好，不但提供不了什么有用的东西，还容易分散我们的注意力、浪费时间。

使用 AI，可以先把 AI 看作一个学习能力很强的学生。回想一下，当年我们刚进入学校的时候，是不是大脑一片空白，即使已经具备了一定的智商、情商，但是仍然要通过大量的输入掌握系统性的知识、社会的规则呢？AI 也是一样，对于 AI 的使用，我们需要**先输入，再转化，最后输出**，才能确保 AI 是能够按照我们希望的轨迹思考，给出符合我们期待的答案。

AI 的学习过程非常像太极的基础招式。太极里的基础招式是"接——化——发"，即先接外界的招数，再结合自己的内力进行转化，最后再把力量打出去，从而完成借力打力的一套动作。

对应到 AI，也可以从这个角度来看 AI 的基本工作原理。

（1）（接）接收数据

在太极拳中，"接"是感受对方的力量和意图。对应到 AI，这就好比是 AI 在接收信息，不管是通过摄像头、麦克风还是其他方式，AI 得先"听"到和"看"到这些信息。

（2）（化）给出指令

太极中的"化"是接过对方的力量后，巧妙地把它引导开。在 AI 的世界里，这就转换成了给出指令、处理数据的过程。AI 拿到的一大堆数据通常是乱糟糟的，它需要用特定的方法（算法）来整理这些数据，让它们变得有意义，这样才能为下一步做准备。

①设定角色：角色设定是指为 AI 分配一个特定的身份或角色，这通常包括职业、演讲领域、性格特点等。角色设定帮助 AI 在准备演讲内容时保持一致性，并使其更易于与听众建立联系。

如：假设你是"演讲大师"小明，是一位经验丰富的演说家，擅长鼓舞人心，具有高超的演讲技巧和专业知识。

②达成目标：达成目标是 AI 演讲者需要实现的具体目的或结果，比如启发听众、传达信息、说服观众等。这为 AI 生成演讲内容和结构提供了方向。

如：通过你的演讲，听众至少能掌握三种提升演讲技巧的方法，你同时要激励他们开始实践这些技巧。

③具体要求：具体要求是指为了实现演讲目标，AI 演讲者必须遵循的一系列步骤、规则或标准。这些要求通常详细说明了演讲的内容、结构、风格和互动方式。

如：

- 演讲中需包含三个主要部分：演讲的重要性、提升演讲技巧的三个策略，以及如何开始实践这些技巧。
- 每个策略应包含实际案例研究，以帮助听众理解并提高其兴趣。
- 演讲过程中，小明应至少进行一次互动，比如提问或小组讨论，以保持听众的参与度。
- 演讲结束时，小明需要提供一个清晰的行动号召，鼓励听众采取具体步骤来提升他们的演讲技巧。

（3）（发）输出结果

"发"在太极拳里是在引导对方力量之后，找到合适的时机反击。在AI这边，这就相当于根据处理过的数据来做出决策或行动，比如自动回复你的问题，或者指挥机器人完成一个任务。

总的来说，AI的工作流程是先接收数据，然后处理数据，最后根据这些数据来做出相应的动作或决策，这个过程和太极拳中的"接、化、发"有相似之处，都需要精准感知和灵活处理。

下面我们以本章第三节的内容定目标为例。很多伙伴才开始接触口才训练，还不知道自己应该定什么样的目标，这个时候，我们就可以借助AI提供一些参考了（本书演练AI均为智谱清言）：

第一步——（接）接收数据：知识点学习包含知识点说明和对应的举例，便于AI更好地理解。

请学习以下制定口才表达学习目标的知识，学会了的话，请回复：学会了。

（1）结果目标

在口才表达上最终实现的成果。如：参加一周后的月度工作会议，进行一次比之前更流畅自信的10分钟工作汇报。

（2）过程目标

①状态目标：在自我认可方面提升的目标。

关键词：感觉自己对……场景/要求没有那么恐惧/在意了；感觉自己在……方面更有信心了。如：感觉自己对工作汇报没有那么恐惧了。

②技能目标：在结构框架、台风、语气和语调、肢体动作等方面提升的目标。

关键词：使用……技能做到……程度/水平。如：可以使用PREP结构做到即兴发言谈看法了。

学会了。

可以看出，完成了第一步的AI已经进行了制定口才学习目标的知识输入。接下来，我们要向AI发出对应的指令，让它更好地生成并输出我们想要的数据。

第二步——（化）给出指令： 这个部分包括设定角色、达成目标、具体要求。

假设你是一个经常需要在企业内给客户讲解方案的项目经理，现在你需要提升自己内容讲解的吸引力，从而让客户更好地把注意力放在你的方案讲解上。请基于上面学到的制定目标的方法，提出你最近学习方案讲解方法的口才提升目标，需要包含：

①结果目标和过程目标，过程目标需要包含状态目标和技能目标，参考给出的关键词表达方法。

②至少产出 5 条目标。

第三步——（发）输出结果：

（1）结果目标

在下周的客户方案讲解会上，成功吸引客户的注意力，使客户对方案的接受度和满意度提升至少 30%。

（2）过程目标

①状态目标：

a.感觉自己对大型方案讲解场景的紧张感减少了 50%，能够更加自如地与客户互动。

b.感觉自己在引导客户提问和解答疑问方面更有信心，能够有效地处理客户的反馈。

②技能目标：

a.使用故事化讲解技巧，使方案内容的叙述更加生动有趣，达到让客户在讲解结束后至少能提出 3 个积极互动的问题。

b.掌握并运用恰当的肢体语言，如手势和眼神交流，以提高讲解的感染力，确保客户在讲解过程中保持高度专注。

c.优化语气和语调，确保讲解过程中语音变化的丰富性，避免单一音调导致的听众注意力分散。

怎么样？感觉是不是还不错？你可以参考它给出的目标，适当调整你的目标。

第1天小练习——收拾心情，整装出发

张俊开始了他的一周训练旅程，读者朋友们，也请不要落后哦，让我们一起梳理一下自己当下的口才表达情况，设定对应目标，跟着丫丫老师和张俊一起整装出发，开启属于自己的7天突破之旅吧！

练习一 紧张状态评估：通过测试，初步评估自己是下列哪种紧张状态。

> 1分表示非常不符合，2分表示一般，3分表示非常符合。
> ①每次上台表达我都紧张得不能自已。
> ②每次表达我都非常在意听众的想法，关注他们的每个细节表情。
> ③一想到要公开发言，我就出现心绞痛、肚子疼、嗓子疼等身体症状。
> ④我发现不管我准备多久，上台表现总会出现纰漏。
> ⑤讲话过程中一旦被打断，我就会感到惊恐，大脑一片空白。

我的得分：_____

10~15分：偏向状态型紧张。

0~10分：偏向知识型或技能型紧张。

练习二 记录你的成就突破事件（亦可使用手机备忘录等App记录）。

____月____日
事件1：

第1天　你不是不行，只是你觉得不行

事件2：
____月____日
事件1：
事件2：

练习三　制定你的口才提升目标。

结果目标：
过程目标：（可以参看第七天"表7-3　打卡练习参考建议表"）
　（1）状态目标
　（2）技能目标

好的开始是成功的一半！大家通过积极思考梳理了自己的情况、明确了目标，迈出了学习的第一步——自我觉察。真棒！

同时每一天的任务完成后，你也需要对自己目标的达成情况进行自评自测，必要时予以调整修正，这样才能事半功倍哦！

框架搭建

第 **2** 天

你不是没思路，只是缺点小方法

▶ 总分总的 AGC 结构及使用误区
▶ 谈看法的 PREP 结构
▶ 谈做法的 PRM 结构
▶ 运用 AI 工具快速生成对应结构

第 2 天　你不是没思路，只是缺点小方法

口才表达的一大难题，是不知道讲什么，内容如何组织。掌握一些必要的框架结构，对于我们快速组织内容，构思想要表达的内容有着至关重要的作用。本章将为大家介绍几种基础且实用的框架结构。

2.1 总分总的 AGC 结构

在完成了第一天的作业后，第二天，张俊准时赴约了。他给自己的目标是：能够流畅完成一周后的新产品方案介绍，并镇定应对领导的提问。

可是当他充满激情地准备大干一场时，迎面就遇到了难题：要介绍的新产品那么多，从何说起呢？在有限的时间里，应该如何架构自己要表达的内容，才能给领导留下好印象呢？同时，如果领导在汇报结束以后又提出了新的问题，万一是自己没想好的，又怎么回答呢？

这些问题像大石头一样挡住了张俊前行的路，看来只能让丫丫老师指出一条明路了。

"就像《舌尖上的中国》里面所讲，高端的食材往往只需要最朴素的烹饪方式，好方案往往也只需要最基础的表达结构。前期打基础阶段我们选择一个比较基础的结构就行，只要用得好，仍然可以超越他人一大截。"丫丫老师说道。

"那用什么表达结构呢？"张俊充满了好奇。

"AGC 结构你听说过吗？这也是所有表达结构中最基础的结构。"丫丫老师说道。

张俊摇了摇头，说："没听过。"

"那我换一种说法，总分总，你总听说过吧？"

"哦，知道，小学就学过。"张俊立刻点点头。

2.1.1 区分事实和观点

"是的，就是这样一个小学语文课上就学过的结构，但我们很多成年人长大了却不会用。特别是在一些比较重要且正式的场合，我们可能会把这个框架结构抛之脑后。就算记住了，但这个结构我们用得有多好呢，这不好说。"丫丫老师顿了顿，继续说道，"这个结构使用的关键就在于要区分两个重要概念——事实和观点，你能分清吗？"

"这个嘛……"张俊挠了挠头。

丫丫老师笑着说："那我考考你，'丫丫老师有点胖'，这是个事实还是观点？"

这……难道不是个"送命题"？张俊上下打量着胖胖的丫丫老师，眼神无比躲闪，经过一番挣扎后，还是诚实地点了点头，说："这是事实。"

"哈哈，这怎么是事实呢？我就不同意！"丫丫老师大笑着反驳道，"我哪里是有点胖，我觉得那是——相当胖！"

"呃……好像也没有那么胖吧。"张俊小声反驳道。看来女性果然总会觉得自己胖啊。他心里暗暗想。

"你看，刚才咱俩是不是因为这件事有不同的看法？为什么？是不是因为我们对于胖，对于有点胖、非常胖的界定标准不同，所以会出现不一样的看法。因此一开始的那句话其实是带有主观色彩的观点。"丫丫老师说道。

"哦，原来观点就是带有主观色彩的看法。懂了！"张俊说道。

"是的。那么刚刚那句话，怎么改才算是个事实呢？比如说'丫丫老师有 140 斤'，这样是不是相对好一点？因为一斤的重量是固定的。没有人会质疑'斤'的标准。"

听了丫丫老师的解释，张俊恍然大悟："所以，**事实就是客观存在、毋庸置疑的事物或者标准。**"

"是的。在弄清楚了它们的区别之后，我们再来看 AGC 结构，你的理解就会更加透彻了。"

2.1.2　AGC 结构

说罢，丫丫老师在白板上写下了"A""G""C"三个字母。

（1）A——代表观点

"A 是你对事物的一个总体看法。前面我们说过，如果你的发言只是观点，那么主观色彩过于明显，别人是不是有很大可能会质疑你？"丫丫老师问。

"对！"张俊马上回答。毕竟他刚刚被质疑过，印象深刻。

丫丫老师见状，一下子就笑了，并说道："这就容易出现所谓言多必失的情况。所以说完 A，后面一定要跟上素材 G 和总结 C。"

"这就是有理有据的真实写照。有理，就是指有观点 A；有据，就是后面要立刻跟上素材 G。"张俊说道。

"你的理解能力很强嘛！"丫丫老师赞叹道，"如果你有很多观点，先说你觉得最重要的观点，把这个观点作为 A1，再配合后面的素材 G1 和总结 C1。讲完以后再说观点 A2，再配合后面的其他素材 G2 和总结 C2。"老师边说边画出一个逻辑示意图：

A1——G1（可以多个素材，相匹配即可）——C1
A2——G2（可以多个素材，相匹配即可）——C2

AGC 结构模拟框架如图 2-1 所示。

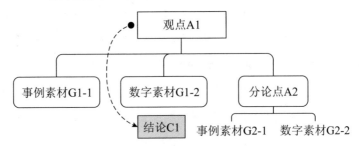

图 2-1　AGC 结构模拟框架

丫丫老师让张俊看图："张俊，你看，这个金字塔框架上有观点，有事实，最下方的都是什么？"

"事实。"张俊回答道。

"因为事实是客观存在的，是有说服力的，所以必须在最底层。"丫丫老师指着最下面这排事实层说道，"这也就意味着，你的观点 A 后面都需要跟上表示事实的素材 G。"

如图 2-2 所示，虚线框内为 AGC 结构模拟框架事实层。

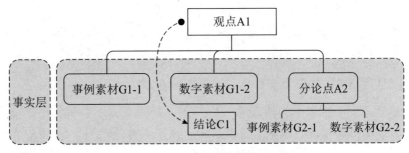

图 2-2　AGC 结构模拟框架事实层

这下，张俊理解了素材作为说服力的基石确实不可忽视。

（2）G——代表素材

"G 是支撑你观点的素材。素材就需要是事实。这你已经知道了，对吧？"丫丫老师问。

张俊点了点头。

丫丫老师接着向张俊解释。通常素材 G 有两种表现方式：

①**事例素材**：在观点下面用事例作为支撑。这个事例不应该是胡编乱造的，一般情况下是真实发生的。如：从去年到今年，顾客对于我们原有平台的操作界面有一些不满，有人反馈说：界面排版复杂，让他们找不到开发票的位置。也有人反馈说：填写表格烦琐复杂，一个地方没有填好，提交不上去不说，已经填了的地方又要重新填写，耽误时间。

这些话顾客确实说过，就显得客观真实，并足以为观点做支撑。

"如果……我是说如果……"张俊小声打断，"一个事例说服力不够怎么办？"

"这也是我想补充的，"丫丫老师回答道，"要特别注意，引用事例如果是微观的个案，尽可能在时间允许的情况下，多列举一些事例，否则容易让听众认为只是个别现象。多个不同角度的事例，可以为观点的输出带来更强的支撑，从而在一定程度上提高说服力。"顿了顿，丫丫老师又说道："不过也可以用另外一种方法同时佐证。"

"什么方法呢？"张俊心里也开始好奇起来。

②**数字素材**：在观点下面用数字作为支撑。

"这个方法叫作数字素材。"丫丫老师边说边板书道，"在观点下面找一些数字支撑。只要数字不是恣意杜撰，根据实际情况统计收集的，相对来说都算是比较客观的，如：采用了新方案，我们至少能为销售部门节约 2～3 个人力。这样就从一定程度上证明了该新方案可以节约成本的观点了。"

很快,丫丫老师又补充道:"这当中要特别注意,从听众接收效果来看,**相对数好于绝对数**,因为相对数有参照物,容易让听众有对比感。例如,今年业绩到第三季度已经完成 70%,相较于去年同期高出 10%。这样听众就会明白,今年完成速度比去年快。如果没有加上后半句和去年同期相比,那么听众就会基于他们以前的其他经验来判断,结果就是有的人会认为快,有的人会认为慢,有的人不清楚到底是快还是慢。这样,列举的数字就没有达到应有的效果。"

"所以,如果事例素材能够和数字素材做一些结合,是不是也会大大增强说服力?"张俊问道,"这样是不是就能够把前面他问到的一个事例说服力不够的问题解决了?"

"是的,"丫丫老师回答道,"如前面提到反映旧平台的操作界面不太方便好用,除了列举顾客反馈的客观事实,还可以结合数字统计,如:根据问卷调查显示,10% 的顾客反馈界面排版复杂;15% 的顾客反馈填写之后如果填错提交不上去,还要重新填已经填过的地方,耽误时间。这两个反馈问题排在所有顾客反馈的前两名,可见旧平台的使用操作便捷度有待提升。将事例素材和数字素材相结合,能真正做到有理有据,让观点更突出,让表达更接地气、更有说服力。"

"好的,谢谢丫丫老师。"张俊顿了顿,又继续说,"我还有个问题,就是结尾 C 部分,只是重复总观点 A 就可以吗?会不会显得不够高级呢?"

丫丫老师说:"别着急,接下来我们要说的就是最后一个板块 C。"

(3) C——代表总结

丫丫老师说道:"总结C首先是让我们对总观点A做一个呼应,把听众的注意力收束回来。同时如果能适当升华,显得视角有高度,给听众留下深刻印象,从而一锤定音,就能让你的表达锦上添花哦!下面可以给你介绍几种结尾升华的方式,分别是由点及面、由此及彼、由陈出新。"

①**由点及面**:从具体的案例或现象升华到更广泛的背景或整体趋势,如图2-2所示。

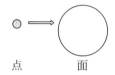

图2-3　由点及面进行总结升华

总论观点:(**点**)某市交通拥堵严重影响了市民的日常生活和经济效率。

结尾升华:(**面**)解决纽约交通拥堵问题,为全球城市化提供宝贵经验。

②**由此及彼**:将论点从一个领域或情境延伸到另一个相关领域或情境,如图2-4所示。

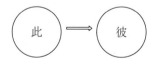

图2-4　由此及彼进行总结升华

总论观点:(**此**)社交媒体平台的隐私泄露问题威胁到了用户的个人信息安全。

结尾升华:(**彼**)社交媒体隐私问题凸显了全面数据保护的

必要性。

③**由陈出新**：基于现有的讨论或研究，提出新的观点、见解或创新思路，这种新思路更能解决问题，或者更能够触及本质。往往采用"**不是……而是……**"的句式，如图2-5所示。

图2-5 由陈出新的总结升华

总论观点：（**陈**）传统教育模式在培养学生适应现代社会方面存在局限性。

结尾升华：（**新**）教育的未来不在于维持传统，而在于拥抱创新。

当然，并不是说每一种结尾只能选择一种方法，比如下面的情况。

结尾句子（原句）：因此，我们必须采取措施来解决城市交通拥堵问题，以提高市民的生活质量。

丫丫老师顿了顿，进行了总结："我们都可以用以上三种方式来为结尾升华，如：

由点及面：某市交通拥堵的解决将引领全球城市交通规划的革新。

由此及彼：缓解交通拥堵，促进经济与环境和谐共生。

由陈出新：不是仅仅改善交通状况，而是重塑城市交通生态系统，实现可持续发展。

根据具体的语境不同可以选择。"

"原来如此，看来 AGC 还有大学问。"张俊感叹道。

"这个部分我们讲得很细，因为 AGC 是内容组织的基础框架，后面所有的框架基本都是在这个基础上扩展的。所以这个框架要好好消化，加强练习哦。"丫丫老师语重心长地说。

"好的，我一定好好练习。"张俊点了点头，感觉任重道远。

2.1.3　AGC 的视觉化展示

"不过你也不用有太大的负担。练习好了以后，AGC 其实还是很简单的。"丫丫老师笑着看着张俊，"另外，还有一点需要补充说明：客观事实有时不仅仅是口头表达事例或者数字，也可以通过视觉化展示的方式，这样更能够引起听众关注，因为视觉接收信息的速度比听觉更快、更广。"

（1）实物展示

比如要展示一个酒店线上办理结算方便快捷，就展示一个线上办理结算的全过程，找一个用线上办理结算的软件现场实操给领导看。让领导看到确实用了很短时间就完成了办理结算的工作事项，从而证明确实方便快捷。

（2）视频/图片展示

这种可以做成 PPT 汇报内容的一部分事实，对于观点的支持很有说服力。

（3）图表展示

在数字事实支持方面，有一些图表也是非常清晰直观的。例如，使用流程图来展示自动化如何简化工作流程，或使用柱状图来展示数据分析带来的业绩提升。

不过要记住,一定要**把观点用一句话的方式写在图表上方醒目处**,否则单看图表听众可能会自行归纳提炼出别的偏离表达者原本意思的观点,导致产生视听的误解。

(4)思维导图

以中心思想向外发散的方式组织信息,这有助于听众把握演讲的整体结构。通过清晰的主干和分支,听众可以更容易地理解演讲的流程和逻辑。重要的概念或信息可以用不同的颜色、用加粗或放大的方式来强调,这样听众可以迅速捕捉到演讲的关键点。对于复杂或抽象的概念,思维导图可以通过简化信息,将其分解成易于理解的小部分信息,帮助听众消化吸收。

说完,丫丫老师向张俊展示了一个视觉方式特性对比表,帮助张俊更好地通过这些方式的比对,理解它们适合的应用场景,如表2-1所示。

表2-1 视觉方式特性对比表

项目	实物展示	视频/图片展示	图表展示	思维导图
直观性	高	高	高	中
互动性	高	低	低	低
时效性	短暂	可重复	持久	持久
信息量	有限	丰富	精准	全面
操作难度	中	低	中	中
适用场合	现场展示	汇报、培训	数据分析	结构性展示
优势	真实体验	视觉吸引	数据支持	思路清晰
劣势	准备复杂	制作成本高	理解门槛高	创意要求高

张俊一边听，一边快速地做着笔记。

"嗯，不管从视觉还是听觉上，都必须给予事实支撑。条件允许的话，做到视听结合最好。"他补充道。

"是的。相信此时的你应该有一些思路了，要不要试试看，选择你方案汇报的一个观点，做一个表达框架的 AGC 结构？"

"好，我试试。"张俊已经摩拳擦掌了。

下面是张俊用 AGC 结构准备的发言稿：

尊敬的领导，非常感谢您在百忙之中抽出宝贵时间，听取我们关于引入新管理系统的汇报。提升工作效率、减少重复劳动，以及提高决策质量对公司的长远发展至关重要。因此，我想与您分享我们的三大核心举措：

（1）推进流程自动化

我们发现在财务部门，大量的发票处理和审批工作占用了很多时间。新系统将自动处理这些日常任务，从而减少手动操作，降低错误率，提高工作效率。我们做过一项调查，发现通过系统自动化，每月可以节省超过 30 个小时的工作时间。

视觉辅助：

流程图：展示当前的手动流程和未来自动化后的流程，突出自动化带来的效率提升。

（2）强化数据分析能力

我们了解到，许多同行已经在使用强大的数据分析工具来理解业务数据，并为决策提供支持。我们的销售团队也可以利用这些工具分析客户购买模式，从而更精准地制定市场营销策略。这将帮助我们在竞争激烈的市场中取得优势。

视觉辅助：

柱状图或折线图：展示销售数据、客户购买模式等，以及通过数据分析工具预测的未来趋势。

饼图：如果适用，可以展示不同市场细分或产品类别的销售占比。

（3）促进信息共享与协作

我们从其他成功实施类似系统的公司了解到，信息共享和协作效率的重要性。通过新系统，项目管理部门可以实时更新项目进度，让所有相关部门都能即时了解项目状态。这将极大地提高我们跨部门协作的效率。

视觉辅助：

协作流程图：展示新系统如何促进不同部门之间的信息流动和协作。

我们相信，这个新系统的引入将会极大地提升我们的工作效率和决策质量。同时，我们也明白，引入新系统的过程需要您的支持和指导。在此，我们非常期待您对这个提案提出宝贵意见和建议，以使我们能够做出更好的调整和规划。我们相信，在您的支持和指导下，这个新系统将会为我们的公司带来巨大的变革和进步！

"很好，每个部分都用心标注了对应的视觉辅助，这当中要特别注意你的 PPT 视觉化展示，尽可能每一页展示的图表上方要标注上想表达的核心观点。"

"前面不是在放这个图表之前，我已经讲了核心观点了吗？"张俊不解地问。

丫丫老师回答道："是的，在图表上还是需要标注一下，比如我们来看这个图。"

图 2-6 为××业务近几年发展情况。

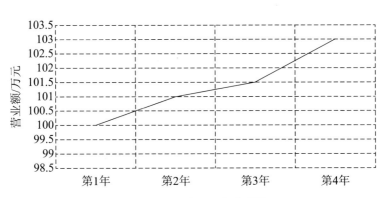

图 2-6　××业务近几年发展情况

"从这个图中你能提炼出什么观点？"丫丫老师问。

"××业务保持增长。"张俊答道。

"还有吗？"丫丫老师问。

"××业务增长缓慢。"张俊又答道。

"还有吗？"丫丫老师继续追问。

张俊皱了皱眉，说："××业务几乎停滞不前。"

"所以，你看，同一个事实，能得出不同的观点，如果想把听众视角牢牢抓住，我们就需要时时把观点和事实同步匹配。除了逻辑匹配，视觉还要紧密联系。"丫丫老师说道。

"哦，原来还要注意这么多细节。"张俊摸了摸下巴，感慨道。

2.1.4　抓牢 AGC 结构内在关联

"是的，这些细节其实就是 AGC 模型里面每个部分之间的关系。都离不开'**匹配**'这两个字。这就是 AGC 总分总结构的**关键**。我们必须确保所有事实素材都要与对应的观点匹配。这样才能确保我们的总分总结构是立得住且有效的。"丫丫老师总结道。

接下来丫丫老师又问了一个问题："那么我们怎么确保叙述的事例和观点相匹配呢？"

"只能凭感觉。"张俊非常实诚地说。

丫丫老师说道："这种感觉也是可以训练的哦！我们可以来做下练习，再来提炼事例和观点匹配的一些共性。"

我们来看几个例子，尝试找出不匹配的分论点是哪个。

例1：

A 总论点：城市交通拥堵问题对居民生活质量的影响。

G 分论点：

G1 公共交通系统的财政问题分析。

G2 私家车使用率增加对交通拥堵的影响。

G3 城市规划对缓解交通拥堵的作用。

例2：

A 总论点：全球变暖对海洋生态系统的破坏性影响。

G 分论点：

G1 海洋温度上升对珊瑚礁的影响。

G2 海洋酸化对海洋生物的危害。

G3 森林砍伐对陆地生态系统的影响。

例3：

A 总论点：健康饮食对儿童身心发展的重要性。

G 分论点：

G1 营养均衡饮食对儿童成长的益处。

G2 不良饮食习惯对儿童健康的影响。

G3 儿童运动对健康的好处。

参考答案：

> 例1 不匹配的应该是：G1 公共交通系统的财政问题分析。
> 因为这个分论点讨论的是公共交通的财务问题，而不是直接解决或支持总论点中关于交通拥堵的问题。
> 例2 不匹配的分论点是：G3 森林砍伐对陆地生态系统的影响。
> 因为该分论点聚焦森林砍伐，与总论点中的海洋生态系统主题不一致。
> 例3 不匹配的分论点是：G3 儿童运动对健康的好处。
> 因为这个分论点关注的是运动，而不是直接关联到饮食对儿童发展的影响，与总论点的主题不一致。

"很好，通过前面的例子，我们一起来提炼一下，分论点G和总论点A不匹配，都出现了哪些共性问题。"丫丫老师说着拿出了一张图片，如图2-7所示。

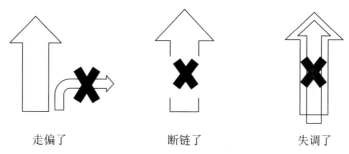

图 2-7 观点 A 和素材 G 不匹配的原因

（1）走偏了

不匹配的分论点往往偏离了总论点的主题，讨论了与总论点关键词不相关的领域。例如，在讨论城市交通拥堵问题时，分论点却聚焦公共交通的财政问题，而不是直接关注交通拥堵本身。

（2）断链了

分论点与总论点之间缺乏逻辑上的直接联系，导致论点之间不连贯。如在讨论全球变暖对海洋生态的影响时，引入森林砍伐对陆地生态的影响，这两个论点之间缺乏逻辑上的直接关联。如果中间加上一个分论点"全球变暖给陆地生态带来影响，而陆地又给海洋生态带来影响"，则该分论点相对来说是有逻辑关系的。

（3）失调了

分论点的讨论范围可能过大或过小，与总论点的范围不匹配。例如，总论点关注的是全球气候变化，而分论点却仅限于某个地区的天气变化。这种情况下，可以列举某个地区的天气变化的事实例子，同时最好列举其他不同地区的例子。除了列举事例，还需要给出有针对性的数字事实作为依据。

张俊说："也就是说，检查观点和事例是否匹配，可以从抓**总观点关键词**来看是否走偏，可以从**逻辑之间是否有直接联系**来看是否断链了，可以从**分论点讨论的范围**来看是否合适以便进行调整。"

丫丫老师说："是的，如果前期自己也不太确定是否匹配，就可以把自己的总观点和事例审校3遍，第一遍看是否走偏，第二遍看是否逻辑断链，第三遍看举例范围是否合适。做到逐个检查。这样，我们的总论点和事例就不容易脱节，也就是匹配的了。刚开始可能速度会比较慢，但是久而久之就能够把观点与事例匹配的能力锻炼出来了。"

"这个方法挺好，我就是担心自己想不到这一点上。"张俊看上去有些担心。

丫丫老师笑着说："我明白你的顾虑。我们首先需要多积累，比如积累一些比较知名的人物的经历、热点新闻事件，这样容易和听众产生共同话题，表达的内容也会更加有吸引力。同时，平时可以做一些练习，比如词语接龙游戏等，从而锻炼自己的联想能力。不过别着急，后面我们会专门花时间在班课上讲讲这些练习怎么做。"

"好啊，好啊！我一定来！"张俊连连点头，不过当下最重要的还是先消化丫丫老师前面讲的这个框架。

（十分好奇练习游戏的伙伴可以先跳转至第 7 天，一睹为快。）

2.2 谈看法的 PREP 结构

看着张俊饶有兴致的脸，丫丫老师顿了顿，说道："如果你觉得刚刚讲的内容你可以跟得上，那这里再特别补充一种比较常见的 AGC 结构，可以吗？"

"当然没问题！"张俊开心地点头，心想能多学一点东西太好了。

丫丫老师也笑了说："这个常用的 AGC 结构也叫 PREP 结构。其实就是在素材 G 部分做了细化，即：原因分析 R+ 事实素材（事例 / 数字）E。这种方式是 AGC 结构中分析层面最深的一种。原因分析是对于为什么产生这个观点的分析，应尽可能列点说明。"

"你觉得原因分析这个分论点是观点还是事实呢？"丫丫老师突然发问。

突击提问让张俊一下子感到措手不及。"观点还是事实……应该是观点吧！"张俊说。

"是的！"丫丫老师很高兴张俊的思路紧紧跟上了，"其中要特别注意的是，原因分析本质上还是观点，所以仍然没有细分到事实层面，还需要继续就原因分析的观点给予事实（事例or数字）的支撑，见下例：

观点P：我推荐我们公司使用新系统。——观点

原因R1：因为旧系统有很多问题。——观点

素材E1：根据问卷调查显示，10%的顾客反馈界面排版复杂；15%的顾客反馈填写之后如果填错提交不上去，还要重新填已经填过的地方，耽误时间。这两个反馈问题排在所有顾客反馈的前两名，可见旧平台的使用操作便捷度有待提升。——事实或数字

总结P（观点重申）：综上，我们可以把旧系统换成新系统。
——观点

到此，一个PREP结构就完成了。"

丫丫老师一口气说完，拿起茶杯喝了一口水。

"那如果我有好几个原因，能继续补充吗？"张俊问。

"可以啊，你想想新的原因可以加在什么位置？"丫丫老师抬眼看着他，想看看张俊能不能举一反三。丫丫老师知道，张俊现在进入了一个非常好的学习状态。而真正好的学习也只有当学员尽力去思考，和老师擦出思维碰撞的火花，学员才能有真正落地的可能。

张俊想了想，在后面补充上以下新的内容：

观点 P：我推荐我们公司使用新系统。——观点

原因 R1：因为旧系统有很多问题。——观点

素材 E1：根据问卷调查显示，10% 的顾客反馈界面排版复杂；15% 的顾客反馈填写之后如果填错提交不上去，还要重新填已经填过的地方，耽误时间。这两个反馈问题排在所有顾客反馈的前两名，可见旧平台的使用操作便捷度有待提升。——事实或数字

原因 R2：因为新系统使用非常便捷。——观点

素材 E2：新系统整个结算只需要半分钟，并且客户资料保存一键生成即可。我们的竞争对手 X 和 X 都在使用，结算效率提升了 20%。——事实或数字

总结 P（观点重申）：综上，我们可以把旧系统换成新系统。

——观点

"对啦！你真棒！"丫丫老师赞叹道。

"我发现如果有多个原因 R，那么每个 R 的下面是不是就应该有支持的素材 E，这样原因 R 才真的有说服力。"张俊说道。

是的，我也经常给其他学员们强调，在每次使用 PREP 发表观点后，一定要检查每个原因 R 层级下面是否足够以事例或数字这样的事实作为底层逻辑，否则就需要把对应内容补上。这样才会显得我们的每个观点都既接地气、站得住脚，又有极强的说服力。

"这可能还真的是我以前非常容易忽略的问题。以前我总是讲一些观点，下面没有事实支撑，讲大半天全是各种观点，一方面说服力不强以至于领导听不进去，另一方面观点太多以至于领导不知道我的核心观点是什么。"张俊非常感慨。

"好的，看来你已经有所领悟，接下来让我们来实际操练一下吧！"丫丫老师说罢，写下了练习题目：

题目：坚持重要还是放弃重要？

"这个嘛，我感觉坚持和放弃都重要。"张俊挠了挠头。

"这也是我们运用 PREP 结构表达的时候可能会出现的问题。问你 A 好还是 B 好，结果你回答都好。这虽然也算是一种观点，但是会给人一种听君一席话，如听一席话的感觉。"丫丫老师说。

"就是感觉模棱两可、观点浮于表面，对吧？"张俊问。

"是的。"丫丫老师回答道。

张俊点点头说："我明白了。"不过他又马上接着说，"我记得有一次我做了个小分享，核心观点是'我们应该吃得更健康'。听众反馈我有些泛泛而谈，现在想起来应该就是我的观点太表面了。那您觉得，这个观点应该怎样表达才算是清晰的呢？"

丫丫老师："你需要更具体地说明什么样的饮食习惯是'更健康'的。比如，你可以具体到'我们应该每天至少吃 5 种不同颜色的蔬菜和水果，以减少患慢性疾病的风险'。"

张俊说："哦，如果我的观点是'我们应该每天至少吃 5 份不同颜色的蔬菜和水果'，然后再在下面具体列举是哪些蔬菜和水果，这样就会更明确，听众也能清楚地知道我的建议是什么。"

丫丫老师说："没错，张俊。一旦你的观点具体明确，你就可以围绕这个观点提供原因和例子，这样你的演讲就会更有说服力。记住，PREP 结构的每一部分都是为了支持你的主要观点，所以观点一定要清晰哦。"

张俊回答："好的，没想到一个这么基础的结构还有这么多细节需要注意。"

丫丫老师笑了笑，说："口才高手们之间的比拼就是细节的较量。可以先一点点练习，最后这个结构就会像成了你身体的一部分一样，你之后说话时用到这个结构都不需要思考即可信手拈来。一旦养成习惯，你就不会觉得要关注这么多细节了。然而在其他人看来，他们会觉得你就像一个有很强口才和表达天赋的人，不仅能说会道，而且有理有据。"

"原来口才高手们是这样练成的！"张俊仿佛又找到了一条通往口才表达高手的新世界大门的路径。

2.3 谈做法的 PRM 结构

丫丫老师继续讲道："张俊，咱们刚刚讨论了如何使用 PREP 结构来清晰地表达你的观点。PREP 结构非常适合用来提出和支撑你的看法。不过，当涉及具体问题的分析和解决方案时，我们通常会使用 PRM 结构。"

张俊想了想说："PREP 和 PRM，这两个结构听起来很相似，有什么不同呢？"

"确实，它们都有各自的用武之地。"丫丫老师点点头说，"PREP 结构是关于观点、原因、例子和观点的重申，它更多地用于提出和解释一个观点。而 PRM 结构，则是关于现象、原因分析和做法措施，是用于分析问题并提出解决方案的。**PREP 是谈看法，PRM 则是谈做法。**"

"哦，我明白了。"张俊说，"PREP 是帮助我们更好地表达观点，而 PRM 则是帮助我们解决实际问题。"

丫丫老师说:"非常正确!现在你已经初步理解了这两个结构的区别,我们可以开始练习如何使用 PRM 结构来分析问题并提出解决方案了。"

张俊说:"太好了,丫丫老师,我正需要这个。我们汇报的方案里面常常需要基于现状或者问题分析,思考下一步的行动计划。"

丫丫老师说:"那我们结合你之前工作方案汇报的例子来讲。比如,你们公司的客户投诉率上升,这就是我们要分析的现象(P)。接下来,我们需要找出导致这个现象的原因(R)。你提到了操作复杂和客服团队对系统了解不足这些问题,这就是我们要分析的原因。最后,我们提出解决措施(M),比如制作操作视频教程和对客服团队进行培训。"

"明白了,丫丫老师。通过您的例子,我现在基本了解 PRM 结构是怎么回事了,它的侧重点确实是以解决问题为导向的。"张俊说道。

丫丫老师说:"是的。同时我想再补充两点,让你更好地应用这个结构。"

张俊点点头:"好的。"

丫丫老师继续道:"首先,我们在使用 PRM 结构时,要尽量确保**每个原因 R 都与每个措施 M 相对应**。这样,你的解决方案会更加有针对性和说服力。比如,你提到的客户投诉问题,如果原因是系统操作复杂,你的措施就是制作操作视频教程;如果原因是客服团队对系统了解不足,你的措施就是进行培训。这样一一对应,你的汇报会更加清晰。"

张俊说:"确实,这样条理就清晰多了。"

丫丫老师继续道:"其次,我们要注意原因 R 的侧重点,尤其是在向领导汇报时。比如,团队业绩不理想,可能有:①大环境因素的外因;②销售人员话术等内因。在这种情况下,我们要**少强调外因,多关注内因**。因为过多地归咎于外因,可能会让领导觉得我们在找借口。明白了吗?"

张俊恍然大悟:"哦,您不提醒我,我可能还真想不到,您简直说到点子上了。就是说,要把重点放到我们能影响和掌控的,不要过多纠结外因找借口。"

丫丫老师肯定地说:"很好,张俊。那接下来我们来小试牛刀?"

张俊回答:"好!"

"请听题!假设你是一家餐厅的经理,最近发现顾客满意度在下降。你观察到的现象是什么?"

"嗯,可能顾客满意度下降的表现是投诉增多,尤其是关于食物质量和服务的投诉。"

"很好,不过你要注意发言的时候不要用'可能'这个词。因为现象 P 一定是我们观察到的客观事实,如果用了'可能'会让人感觉模棱两可。"

"哦,好的,我下次注意。"张俊倒吸了一口气。

"那么根据 PRM 结构,你认为可能的原因 R 是什么?"丫丫老师继续追问道。

张俊回答:"可能的原因 R 有:①更换厨师导致了食物口味发生变化;②服务员人手不足导致服务质量下降。"

丫丫老师说:"很好。那么针对这两个原因,你的措施 M 是什么?"

张俊回答:"①对厨师进行培训,确保食物口味和质量符合顾客期望;②增加服务员人手,并进行服务培训,提高服务质量。"

丫丫老师肯定道:"非常好,你的原因 R 和措施 M 都能做到逐一对应了,很棒!"

张俊问:"对了,老师,如果我在分析原因时发现了多个问题,但在提出解决方案时只能提供一个方案,这应该怎么办呢?"

丫丫老师略加思索后说:"这是一个很好的问题。如果在实际情况中真的出现了多个原因,但解决方案可能只有一个,这时候你需要强调你的**某个解决方案是如何解决多个原因的**。比如,你提到的新系统操作复杂和客服团队对系统了解不够,这两个原因都可以通过培训来解决。你可以强调培训不仅提高了客服团队对系统的了解,还间接简化了客户的操作流程,从知识和技能两方面一起提升,会事半功倍,效果更好。"

张俊说:"嗯,也就是说,我需要在汇报中清晰地展示我的一个解决方案是如何应对多个原因的。"

丫丫老师说:"是的,如果这种解决方案只有一个或者这个解决方案是你几个方案中比较重要的,那就要稍微说详细一点,你可以用下面这样的句式:

(递进式)第一步,……第二步,……第三步,……

(并列式)一方面,……另一方面,……

同时,作为一个职场人,稳妥起见,你还是需要**至少准备两套方案**给领导。毕竟,更多选择,更多欢笑嘛!"

张俊说:"是的,准备工作还是要做足,这样才能有的放矢,尽可能万无一失。谢谢老师!您的经验是真的丰富!受教了,受教了!"

丫丫老师说："不客气。最后我们来简单总结一下，我们已经讨论了 PRM 结构的具体应用。下面可以对 PREP 和 PRM 两个结构进行对比。"如表 2-2 所示。

表 2-2　PREP 和 PRM 结构对比

结构	描述	适用场景	关键组成部分
PREP	Point（观点） Reason（原因） Example（例子） Point（重申观点）	提出和解释观点	• 观点：明确表达你的主要看法 • 原因：支持观点的依据 • 例子：具体实例来证明观点 • 重申观点：再次强调你的主要看法
PRM	Phenomenon（现象） Reason（原因分析） Measure（措施）	分析问题并提出解决方案	• 现象：识别和描述问题 • 原因分析：找出问题的根本原因 • 做法措施：提出解决问题的具体行动

"可以看到，PREP 和 PRM 虽然都是用于沟通和表达的结构，但它们的侧重点不同。PREP 更侧重于**观点的提出和支撑**，而 PRM 更侧重于**问题的分析和解决方案的提出**。两者结合起来，可以让你在表达观点和解决问题时都显得条理清晰、有说服力。"

张俊说："谢谢您的解释，丫丫老师。我现在对 PREP 和 PRM 结构有了更全面的认识。后面就根据我要表达的侧重方向来选择合适的框架来用。"

丫丫老师说："记住，PREP 始终是最底层使用的框架，先练习好 PREP 结构，也会对你使用 PRM 结构带来表达上的帮助哦。"

张俊说："好的，谢谢老师指点！今天的知识量还有点大，我还要回去好好消化！"

2.4 AI赋能口才表达——30秒用AI搭框架

本章介绍的结构比较多,注意事项也不少,如果能够很好地运用AI,我们可以大大节约精力和时间。下面我们带着大家一起来实操如何用AI在30秒以内搭建出符合要求的演讲稿大纲,同时在这个基础上再让AI生成演讲稿,这样质量更高。

(1)PREP结构的AI应用

这里我们重点来看PREP结构。事实上AI是知道该结构的,它们甚至可以直接通过联网检索,很准确地说出什么是PREP结构。所以这个部分不需要大家特别费心地给它做输入。我们需要确保的是:①给它一个观点P,基于此来补充后面的原因R、事例E和观点P;②或者给它一个情景,让它自行思考对应的PREP;③同时让产出的PREP结构的内容是基本符合提供的场景的,不至于偏题。

案例一:小明作为一名应届毕业生,将要参加某公司的面试。遇到这样一道题目:你如何看待加班?

对此,应该如何用AI辅助提供思路呢?

这是一个偏向看法类的问题,所以比较适合用PREP结构,当把这个问题直接询问AI,并让它用PREP结构产出时,得到了这样的回答:

请用PREP结构回答:如何看待加班。

P(观点):我认为加班应该是一种例外而非常态,并且需要合理管理和平衡。

R（原因）：加班可能导致工作效率降低、员工疲劳累积以及工作与生活平衡失调。长期加班可能会损害员工的身心健康，并最终影响企业的长期发展。

E（例子）：例如，如果一个公司文化鼓励加班，员工可能会因为长时间工作而出现疲劳和压力，这反而可能降低工作效率和创新力。而且，加班过多可能会影响员工的个人生活和家庭关系，导致人才流失。

P（重申观点）：因此，企业应该倡导高效的工作方式，合理安排工作时间和任务量，尽量避免频繁加班，以维护员工的福祉和企业的发展。

单纯看这个回答，从 PREP 出发好像没有什么问题，但是如果我们从小明面试的公司的视角来看，这样回答可能会面临淘汰了。因为我们会发现，AI 的回答更像站在宏观视角，居高临下地发表着观点。毕竟企业招人并不是让面试者来指手画脚的，所以这样的回答和实际场景是不匹配的。

如果我们加上前文提到的设定角色，会不会与场景更加贴合了呢？

小明作为一名应届毕业生，将要参加大厂公司的面试。请用 PREP 结构回答面试官的提问：如何看待加班？

P（观点）：我认为加班在特定情况下是必要的，但长期而言，保持良好的工作与生活平衡更为重要。

R（原因）：加班可能意味着项目紧急或工作量大，这表明公司业务繁忙,员工有机会承担更多责任和挑战。然而,长期加班可能会影响员工的健康和生活质量,进而影响工作效率和团队士气。

E(例子):例如,在我大学期间的实习经历中,我们有时会因为项目截止日期而加班。这些经历让我学会了如何在压力下工作,并提高了解决问题的能力。但同时,我也意识到,合理安排工作和休息时间,能够让我保持更高的工作效率和更好的工作状态。

P(重申观点):因此,我对加班的看法是,它可以作为短期内应对紧急情况的手段,但长期而言,我更倾向于通过提高工作效率和优化工作流程来减少不必要的加班,以保持一个健康和可持续的工作环境。如果加入贵公司,我希望能够在这种平衡中为公司的目标做出贡献。

这个回答是不是比之前的回答更符合面试者的场景呢?但这个答案说出来仍然不一定会得到面试官的认可。因为我们会发现这个看法的核心观点是"工作与生活的平衡很重要",对于某些"卷上加卷"的企业来说,这不一定符合其企业文化。如果前提是你确实想加入该公司,在这个层面上,我们要确定观点 P 的部分,尤其需要人为结合更多的信息进行判断,不可全部依赖 AI。

但我们仍然可以利用 AI 给我们一些观点和启发:

基于加班这件事,作为面试者,我们可以提出哪些观点?

作为面试者，针对加班这件事，可以从以下几个角度提出观点：

- 职业成长与学习：加班可以看作额外的学习机会，有助于我更快地掌握工作技能和行业知识。
- 工作责任感：我理解在某些情况下，加班是履行工作职责的一部分，是对客户和公司承诺的体现。愿意加班表明我对工作的认真态度和对结果的重视。
- 团队精神：加班是团队协作精神的体现，我愿意与团队成员共同承担责任，确保团队目标的实现。
- 工作与生活平衡：虽然我愿意加班，但我同样重视工作与生活的平衡，相信合理的工作安排可以提高工作效率。
- 工作效率与时间管理：我认为通过有效的时间管理和提高工作效率，可以减少加班的频率。
- 公司文化与价值观：我尊重公司的文化和价值观，如果加班是公司文化的一部分，我愿意适应并积极参与。
- 健康与可持续发展：我认为长期加班可能会影响工作效率和个人健康，因此我倾向于支持可持续的工作模式。

可以看到，AI 提供了很多有一定差异的观点，如果你在面试之前就了解到该企业加班是家常便饭，同时又特别想加入该公司，那选用 AI 提供的"职业成长与学习""工作责任感""团队精神"作为核心观点 P 的内容就比较合适。

小明作为一名应届毕业生，将要参加某公司的面试。据了解，该公司加班情况较多。请用 PREP 结构回答面试官的提问：如何看待加班？观点倾向于工作责任感的体现。

P（观点）：我认为加班是工作责任感的一种体现，尤其在面对紧急任务或重要项目时，愿意加班是展现个人对工作承诺的重要方式。

R（原因）：加班能够帮助团队在关键时刻保持项目的进度和质量，对于确保客户满意度和公司目标的达成至关重要。对于个人而言，这也是一个展示自己敬业精神和愿意为团队做出额外努力的机会。

E（例子）：在我的实习经历中，有一次我们面临一个紧急的项目截止日期，我主动留下来加班，帮助团队完成了任务。这不仅得到了上级的认可，也让我感受到了作为团队一员的责任感和成就感。

P（重申观点）：因此，我对加班持积极态度，尤其是在需要的时候，我愿意通过加班来履行我的工作责任，支持团队和公司的成功。

通过上述案例，我们会发现，没有最好的回答，只有最合适的回答。而AI可以帮助我们调试回答过程：AI罗列出目标听众可能想听什么；AI结合框架提供回答。

我们在这个过程中需要做的是：AI罗列出目标听众可能想听什么——我们结合收集的信息判断并指明听众想听什么；AI结合框架提供回答——我们需要检验回答是否可行。

（2）PRM 结构的 AI 应用

同理，PRM 结构的应用也和 PREP 结构的应用类似，不过会更加简单。因为 PRM 结构所代表的问题/现象 P，属于已知信息，基本不需要我们再去通过 AI 进一步发散各种可能，问题/现象 P 更多的是作为一种内容输入给到 AI，让 AI 帮助我们产出原因 R 和措施 M。不过要注意，提醒 AI 尽可能做到原因 R 和措施 M 的对应与匹配。

案例二：你是一名中层管理者，领导让你安排公司新来的年轻员工小红完成一项本职之外的工作任务，眼看截止日期就要到了，小红却没有行动，你会怎么办？

做法类问题非常适合用 PRM 结构，下面我们看看 AI 如何回答。

> 假设你是一名中层管理者，领导让你安排公司新来的年轻员工小红完成一项本职之外的工作任务，小红没有行动，眼看截止日期就要到了，你会怎么办？请用 PRM 结构（现象—原因分析—措施）回答，注意：原因 R 和措施 M ——对应。

> P（现象）：新来的年轻员工在被安排完成一项本职之外的工作任务时没有采取行动，导致任务进度滞后，截止日期即将到来。
>
> R（原因分析）：
> - 缺乏明确指令：可能是因为我没有清楚地传达任务的重要性和紧急性。
> - 能力不足：年轻员工可能缺乏完成该项任务所需的技能或知识。
> - 动机不足：员工可能不理解这项额外工作的价值，或者

感觉自己的努力不会得到认可。
- 资源限制：员工可能没有足够的资源或工具来完成这项工作。
- 沟通障碍：可能存在沟通不畅，员工对任务要求有误解。

M（措施）：
- 提供明确指导：与员工进行一对一的沟通，明确任务的期望、截止日期和完成任务的步骤。
- 提供培训和支持：如果员工能力不足，提供必要的培训或指派一个导师来帮助他。
- 激励和认可：解释这项额外工作的意义，并确保员工知道他们的努力会被认可和奖励。
- 分配资源：确保员工有完成工作所需的资源和工具。
- 加强沟通：定期检查进度，确保员工在完成任务过程中有任何疑问或困难时能够及时反馈。

通过上述措施，我可以帮助年轻员工克服障碍，确保任务按时完成，同时也为他们的职业发展提供支持。

这个回答就比较全面了，并且原因和措施基本一一对应，我们在检查的时候，有必要看看结合具体情况，哪些措施中层管理人员容易做到，且有权限，哪些可能相对有困难。保留可行性比较大的一些选项，尽量控制在3项以内，一方面让听众感觉演讲者思考全面，另一方面更加容易给听众留下深刻印象。

AI的作用只是辅助，真正关键的是使用AI的人。使用AI的核心能力其实是我们对于框架的判断能力，它体现在：能够判别AI给的框架内容是否符合场景、是否是听众关注的要点。真正做到从群众中来，到群众中去，以人为本，才能把AI工具使用好。

第 2 天小练习——工作中的即兴发言

这一章节的知识量有点大,对吧?没关系!让我们一起来做一做练习,好好消化一下吧!

练习一 假设会议中,领导发言之后,请你谈谈感受,尝试用 AGC 总分总结构搭建发言内容。注意:

① 只能有一个总论 A;

② G 可以是观点分论点,但是最底层必须是基于事实的事例或者数据或者行动。

练习二 请判断下列内容应该运用 PREP 结构,还是 PRM 结构,并从中选出一条进行练习。

① 对于员工上班摸鱼的现象你怎么看?

② 如果你发现对于一项新任务,你管理的一线员工不太配合,你怎么办?

③ 如果客户选择了竞争对手,你会怎么做?

④ 你觉得我们更应该倾向于做重要不紧急,还是紧急不重要的事?

好了,相信通过第二天的学习,你已经初步掌握了口才表达的几种基本的框架。平时讲话表达时,只要像丫丫老师一样有意识地操练起来,相信你一定能够很快掌握口才表达框架,做到让自己在重要场合即使即兴表达,也能依托这些框架快速搭建讲话策略。

加油!

参考答案：

练习一

总论点 A：

领导的讲话让我觉得非常有收获，具体体现在：

分论点 G：

（1）具体列举领导讲话的客观事实：领导讲话的核心有三点，第一点是×××，第二点是×××，第三点是×××；也可以选择其中的一点来讲，并说明是给自己印象最深刻的一点。

（2）自己的内心感受。

（3）之后的行动计划：行动计划最好列点说明，分三点最佳（第一……第二……第三……）。

练习二

内容①应运用 PREP 结构。

P（观点）：我认为员工上班摸鱼是一个值得关注的现象，它不仅影响个人工作效率，还可能对团队和整体工作氛围产生负面影响。

R（原因）：员工摸鱼可能是对工作不满、职业发展停滞或工作压力过大的一种反应。例如，如果一个员工觉得自己的工作没有得到公正的评价或没有获得晋升机会，他可能会感到沮丧，从而导致他在工作时间内分心。

E（例子）：拿我之前的公司为例，有一个部门员工的整体士气低落，工作积极性不高。经过调查，我们发现原因是该部门的员工觉得他们的努力没有得到足够的认可，且缺乏职业发展的机会。为了解决这个问题，公司实施了一系列措施，包括定期的绩效反馈、职业规划研讨会和提供更多的晋升机会。这些措施的实施显著提高了员工的工作投入度和减少了摸鱼现象。

P（重申观点）：因此，我认为解决员工摸鱼的问题需要从根本上解决员工的满意度和激励问题，这样才能确保员工全身心地投入工作，提高整体的工作效率和生产力。

内容②应运用 PRM 结构。

P（现象）：一线员工对新任务的配合度不高，表现出迟缓或消极的态度。

R（原因分析）：这种情况可能是由于员工对新任务不理解、不信任、缺乏动力或者认为任务与他们的工作目标不一致。此外，如果员工之前没有参与任务的规划和讨论，他们可能会感到被边缘化，从而导致不配合。

M（措施）：

首先，我会组织一个团队会议，让员工表达他们的担忧和疑虑，并确保他们的声音被听到。其次，我会清晰地传达新任务的重要性和它如何与团队和个人的目标相联系。接下来，我会提供必要的培训和资源，以确保员工有能力完成新任务。最后，我会设定明确的期望和激励机制，以鼓励员工积极参与和合作。

内容③应运用 PRM 结构。

P（现象）：客户选择了竞争对手，导致业务流失和市场地位下降。

R（原因分析）：客户转向竞争对手可能是由于多种原因，如价格竞争、产品或服务质量不满意、客户服务体验不佳或者竞争对手提供了更吸引人的价值主张。此外，如果客户感觉被忽视或不被重视，也可能会寻找其他选项。

M（措施）：

首先，我会进行深入的市场和客户分析，以了解客户转向竞争对手的具体原因。

随后，我会与客户进行沟通，收集反馈，并尝试了解他们的需求和期望。基于这些信息，我会调整我们的产品或服务，改进客户服务流程，并可能调整定价策略。

同时，我会加强与现有客户的联系，通过定期的沟通和特别优惠来提高客户满意度和忠诚度。

最后，我会开发新的市场策略，以吸引新客户并夺回市场份额。

内容④应运用 PREP 结构。

P（观点）：在我看来，我们更应该倾向于做那些重要但不紧急的事。

R（原因）：重要但不紧急的事通常是那些能够带来长期利益和持续改善个人或职业生活的事情，比如规划、预防措施、学习和健康维护。这些事情往往被忽视，因为它们没有迫在眉睫的截止期限。

E（例子）：例如，定期锻炼和健康饮食是重要但不紧急的活动，它们对长期健康至关重要。如果忽视了这些活动，可能会导致健康问题，最终变成紧急且重要的事情。

P（重申观点）：因此，虽然紧急的事情需要及时处理，但我们应该培养一种优先处理重要事情的意识，这样才能更好地预防未来的问题和抓住机遇。

第 **3** 天

你不是太平淡，只是缺点小细节

- 利用"五觉"表述细节
- 修辞手法为表达润色
- 幽默梗的设置方法

好看的皮囊千篇一律，有趣的灵魂万里挑一。让口才表达更具备人格魅力，离不开对生活的细致观察、极致热爱。从细节入手，本章将介绍一些让我们的细节表达更有吸引力的方法。

3.1 利用"五觉"表述细节

自从学习了框架表达之后，张俊明显感觉自己在口才方面更有框架了。好几次会议上自己临时发言都能做到侃侃而谈。尤其是会议上领导提出一些问题时，他也能够很快组织框架，以及对应观点和素材。好几次他有意观察领导，都看见有几个领导不仅很认真听他讲，而且默默点头或者陷入沉思。张俊知道，自己说的话，对领导、对同事或多或少地开始产生了影响。

不仅如此，他和客户沟通的时候也自信了不少。很多时候对于客户提出的问题，他也可以直接回应，而不再是唯唯诺诺，总想着去找答案了。

但与此同时，张俊也发现了自己仍存在一些问题。比如，虽然现在有对应的条理框架，让自己有话可讲，但是讲出来的话有时候干瘪瘪的，说久了感觉没什么吸引力了。

于是，带着新问题，他又来找到丫丫老师请教。

3.1.1 外在"五觉"

张俊："丫丫老师，自从和您学习了两天，我发现自己能掌握逻辑框架了，但总觉得表达太平淡，缺乏画面感。您有什么好办法吗？"

第3天　你不是太平淡，只是缺点小细节

丫丫老师："你这个问题很常见，很多人开始学习演讲时都会遇到。其实，要增加演讲的画面感，我们可以利用五觉。"

张俊："五觉？是不是视觉、听觉、味觉、嗅觉和触觉啊？"

丫丫老师："没错，就是这五觉。讲话的时候，你要把五觉都调动起来，这样才能让你的话生动有趣、有画面感。"

张俊："那具体应该怎么用呢？"

丫丫老师："我们来看看下面两段产品介绍，你觉得哪个更有代入感？"

片段1：我们公司的新产品是一款智能手机。它有很快的处理速度、很大的存储空间，还有很长的电池续航时间。

片段2：想象一下，你手中这款我们公司的新智能手机，其光滑设计让人握感舒适，宛如一块精致鹅卵石。启动瞬间，屏幕色彩鲜艳，画质震撼人心。指尖轻滑，流畅操作如同丝绸。无论是观影还是游戏，静默散热都能确保凉爽体验。更不必担忧电量，其持久续航能力伴你整日无忧。这不仅是一部手机，更是你生活中不可或缺的高科技助手。

张俊："当然是片段2咯，'五觉'使用丰富，非常有画面感。"

丫丫老师轻轻点头，喝了一口水，然后说："嗯，对。那我们用五觉来解析看看。首先，视觉是最直接的。比如说，你想描述一个美丽的风景，你可以说：'那里的天空像一块蓝宝石，湖水像一面镜子，倒映着天空的颜色。'"

张俊："哦，我明白了，**视觉**是用来描绘出具体的景象。"

丫丫老师："对，然后是**听觉**。比如说，你想描述一个安静的环境，你可以说：'这里静得可以听到自己的心跳声。'"

张俊:"嗯,听觉可以用来增强氛围感。"

"再来是**味觉**,"丫丫老师说,"这个可能用得比较少,但也是很重要的。比如说,你想描述一种美食,你可以说:'这个蛋糕甜而不腻,入口即化,让人回味无穷。'"

张俊:"味觉是用来描述食物的美味。我以前都是直接说吃了什么就没话可说了,哈哈。"

丫丫老师站起来,走到窗边,看着外面,说:"接下来是**嗅觉**,比如说,你想描述一种花香,你可以说:'这种花香淡雅而持久,闻起来让人心旷神怡。'"

"最后是**触觉**,比如说,你想描述一种质感,你可以说:'这个布料摸起来光滑细腻,像牛奶一样。'"

张俊在笔记本上做了些记录,然后说:"以前我只是平铺直叙地描述,加上五觉之后感觉确实不同。"

丫丫老师:"没错,只要你能把五觉都运用起来,你的话就会有画面感,就能吸引听众的注意力了。"

张俊:"好的。"

丫丫老师:"还有,要注意五觉描述的连贯性。我们还是来看两个对比的片段,同样都是讲大海,同样都是用了五觉来描述,展现画面感,你觉得哪个更好?"

片段1:我看到了大海,它是蓝色的,无边无际。我听到海浪起伏的声音,像是在耳边低语。我感受到海风轻拂我的脸庞,带着咸咸的海水味。我尝了一口海水,它是咸的。我触摸到了沙滩上的细沙,它是温暖的。

片段2:从小屋出来,我就看到一片深绿色低矮的灌木丛,它们随着海风轻轻摇曳,仿佛在向我招手。空气中弥漫着咸咸的湿气,那是大海的气息,它渗透进我的每一个细胞,让我感到一种说不出的舒适。我沿着蜿蜒的小径慢慢往前走,海浪的沙沙声渐渐清晰起来,它们有节奏地拍打着沙滩,像是在诉说着古老的故事。随着我走近,那声音越来越响,直至成为耳边的主旋律。我踏上沙滩,细软的沙子在脚下轻轻陷落,温暖而细腻。眼前的海面波光粼粼,太阳的光芒在水面上跳跃,像是一片片破碎的钻石。我深吸一口气,海风的清新和海水的咸味混合在一起,让我感到一种自由和宁静。大海的辽阔和无垠让我心旷神怡,仿佛所有的烦恼都被海浪带走了。

张俊:"我觉得还是片段2更好。"

丫丫老师微笑着问:"为什么呢?"

张俊:"片段1感觉表达很死板。"

丫丫老师赞同地点头:"其实,正面案例和反面案例的关键不同首先在于**动态感**的营造。正面案例中,我们随着人物的行动,从灌木丛到沙滩,再到海边,感受到了一种流畅的视觉和听觉变化。而反面案例则像是把五觉割裂开来,没有形成连续的画面。"

张俊若有所思地说:"确实如此。"

丫丫老师:"很好,那你觉得还有什么不同点吗?"

张俊思考了一会儿,说:"我觉得可能是情感的融入有所不同。正面案例中,人物的情感变化和心境体验被细腻地描绘出来,比如感到舒适、自由和宁静,这让整个场景显得生动而富有感染力。而反面案例则更多地停留在对景物本身的描述上,缺乏情感上的共鸣。"

丫丫老师:"非常准确!这两点确实是正面案例和反面案例之间的核心区别。正面案例通过动态感和情感的融入,让读者能够更加身临其境地感受到场景的魅力。那我们来试试，请你用'五觉'描述一下某次旅行的片段，不需要讲前因后果。"

张俊："好的，我想想。"

张俊闭上眼睛，回忆着旅行的场景，然后开始描述：

"走在那条繁华的街道上，首先映入眼帘的是五彩斑斓的霓虹灯，它们闪烁着各种颜色，仿佛在和我打招呼。然后，我听到了街头艺人的吉他声，那声音悠扬动听，让人陶醉。紧接着，我闻到了路边小摊上传来的烤肉香味，那香味让人垂涎欲滴。最后，我感受到了温暖的阳光洒在我的脸上，那感觉真是太舒服了！"

丫丫老师："这个片段，你使用了大量的五觉描述，同时使用了视觉、听觉、嗅觉和触觉，还加上了人物动态视角，也有心理感受，整体上很不错。不过，虽然描述很生动，但听众可能会感到信息量过大，难以把注意力集中在每一个细节上。"

张俊："哦，看来不是描述得越细就越好啊？"

丫丫老师："是的，如果能够明确指出自己最想强调的部分，引导听众用最核心的某个感官体验是最好的，否则很有可能会由于过度延展细节，出现表达跑题、主次不分的情况。"

张俊："确实是这个问题！看来要把控好度。那我试试再重新描述一下这个旅行经历：

当我踏上那条繁华的街道，五彩斑斓的霓虹灯如同流动的梦境，但最让我心醉的是那悠扬动听的吉他声。它像是一位街头艺人的心灵独白，轻轻拨动着我的心弦。我走近一看，发现是一位艺术家正在倾情演奏。他的吉他声悠扬而深沉，仿佛能穿越时空，带我逃离尘世的喧嚣。那温暖的阳光洒在我的脸上，它像是一位温柔的拥抱，让我感受到了无尽的温暖和安慰。"

第 3 天　你不是太平淡，只是缺点小细节

丫丫老师："修改之后的例子好多了！减少了'五觉'描述的数量，同时明确了最想强调的部分——吉他声。还提到了阳光的感觉，作为另一个重要细节。去掉了烧烤香味这个细节，因为它会破坏整体氛围。这样的描述更加聚焦，让听众更容易理解和感受到你的旅行经历。"

张俊："对，我就是这么想的！"

丫丫老师："很好！另外需要提醒你的是，描述时要尽量具体，避免使用模糊的词汇。"

张俊："要尽量用具体的形容词和比喻，让听众能够清晰地想象出场景。"

丫丫老师："是的。关于这一点，我们也可以做一些练习，比如：你要说花香，不要只说这朵花很香，而要说'这朵花的香气像刚切开的蜜瓜一样清新'。我们来试试？"

"好！"张俊一口答应。

丫丫老师："你要说阳光，不要只说这束阳光很温暖，要说……"

张俊："这束阳光像妈妈的怀抱一样温暖。"

丫丫老师："你要说草地，不要只说这片草地很绿，要说……"

张俊："这片草地像一块绿色的绒毯一样柔软。"

丫丫老师："你要说星星，不要只说这颗星星很亮，要说……"

张俊："这颗星星像孩子的眼睛一样明亮。"

丫丫老师又补充道："这当中要特别注意：你的描述要和你的主题或者论点相**符合**，不要让五觉描述成为听众理解的障碍。比如，你讲的是一个悲伤的故事，就不要用太欢快的视觉或听觉描述，这样会破坏氛围。如：

原句：她在花海中漫步，心情愉悦。

改编1：她在花海中跳跃，五彩的花朵让她眼前一亮，芬芳的香气让她心情愉悦，轻风中的花瓣拂过她的脸庞，带来一丝丝清凉。

改编2：她独自在花海中行走，五彩的花朵在她眼中失去了光泽，曾经芬芳的香气如今只能勾起她的伤心回忆，轻风中的花瓣触碰她的脸庞，却像是在无情地提醒她孤独的存在。

同样的句子，不同的五觉描述，给人的感觉就完全不一样。"

张俊："嗯，描述要和主题相匹配，不能让听众感到突兀。"

3.1.2 心理描写

丫丫老师："我们刚刚讲了'五觉'，这些都是外在的感觉。但是在演讲中，除了这些外在的感官体验，还有一个非常重要的内在感觉，那就是心理描写。"

张俊："心理描写就是通过语言来表达人物内心的感受、情绪、想法，对吧？"

丫丫老师："是的，它能让听众更深入地了解人物的内心世界，增加演讲的感染力。下面我们来看几个例子，每个例子都有两个版本，一个是没有心理描写的，另一个是加入了心理描写的。我来念给你听，你来说说看哪个更能打动你。"

例子1（无心理描写）：他面对重大项目，每一步都走得谨慎而坚定。

例子1（有心理描写）：他的心情像绷紧的弦，每一步都走得谨慎而坚定，因为他知道，这不仅是一个项目的成功，更是职业生涯的一次跃升。

张俊："第二个更能打动我。它能让我感受到他的紧张和认真，以及他对成功的渴望。"

丫丫老师:"很好,这就是心理描写的作用。它能让人感受到人物的内心世界。"

再比如:

例子2(无心理描写):她坚信,只要团队齐心协力,就能克服困难。

例子2(有心理描写):她的心中虽然涌动着不安,但她坚信,只要团队齐心协力,就没有克服不了的难关。

张俊:"第二句更能引起我的共鸣,因为它不仅表达了她的信心,还展现了她在困难面前的真实感受。"

丫丫老师:"没错,心理描写能够让人物更加鲜活和真实哦。"

例子3(无心理描写):他选择了长远发展,尽管短期内会面临一些挑战。

例子3(有心理描写):他的内心经历了一场激烈的辩论,权衡着各种利弊,最终他选择了长远发展,尽管短期内会面临一些挑战。

张俊:"第二句更能让我感受到他的决策过程和内心的挣扎,让我觉得他的选择更加有意义。"

丫丫老师:"对!这就是心理描写的力量,它能够让听众更深入地理解人物的行为。"

例子4(无心理描写):他感到有些迷茫和孤独,但他知道,这是成长的必经之路。

例子4(有心理描写):他感到有些迷茫和孤独,但他知道,这是成长的必经之路,他必须克服这些情绪,才能在这个竞争激烈的职场中立足。

张俊:"还是第二个句子更能让我感同身受,它让我明白了他的内心斗争和他对成长的渴望。"

丫丫老师:"很好,张俊。通过这些例子,你更能体会到心理描写在演讲中的重要性了!它能帮助听众与人物建立情感联系,让口才表达更加生动和有说服力哦!"

张俊想了想,说:"谢谢老师夸奖!我感觉要把细节表述好,离不开对生活细节的关注。"

"是的,你说到点子上了。"丫丫老师点点头,"所以接下来我还要提醒你,在进行心理描写时,也有一些细节上的注意事项。"

(1)真实可信

"你的描述要让听众觉得这个人物的心理活动是合理的,是符合情境的。对比以下两个句子的表达:

在得知公司即将裁员的消息后,他感到一阵恐慌,担心自己会成为其中的一员,同时也开始考虑自己的未来和可能的应对措施。

在得知公司即将裁员的消息后,他完全没有反应,因为他认为自己绝对不可能被裁,他对自己的工作表现非常自信。

如果在不考虑具体语境的情况下,第二个例子中的心理反应可能让人觉得不真实,因为在面对可能的失业时,很少有人会完全无动于衷。"

张俊:"我明白了,心理描写要符合人物所处的情境和性格。"

丫丫老师继续说:"这就需要你把重心放在表述对象的视角去感受,不要一切以自己为中心。再来看第二点。"

(2)有深度

"不要只是停留在表面的情绪描述,要尝试挖掘人物更深层次的心理状态。比如,不仅仅是说一个人很'开心',而要说他的内心'充满了对未来的期待和满足'。

她在会议上发表了自己的看法，虽然表面平静，但内心却波涛汹涌，她对自己的观点充满激情，同时也担心他人的评价。

她在会议上发表了自己的看法，感到很开心，因为她喜欢分享自己的想法。

第一个例子，我们能够感受到人物内心的复杂情感，而第二个例子则只是简单地描述了开心的情绪。"

（3）注意语言的准确性

"第三要选择恰当的词汇来表达心理状态，避免使用模糊或者笼统的词语。

他在面试前夜感到紧张不安，脑海中不断回放着可能的面试问题和自己的答案，他的心跳加速，手掌冒汗。

他在面试前夜感到有点不舒服，想东想西，睡不好觉。

第一个例子，我们能够清晰地感受到人物的紧张和焦虑；而第二个例子则使用了模糊的描述，没有具体表达出人物的心理状态。"

丫丫老师说完长舒了一口气。

张俊："嗯，心理描写要真实、有深度、精准，同时还要适度。"

丫丫老师："很好，张俊。只要你能够巧妙地运用心理描写，你的演讲就能更加打动人心，让听众产生共鸣哦。"

张俊："好的，没问题。对了，我还想问问，心理描写和五觉的占比应该是多少才比较合适呢？"

丫丫老师："这个嘛，关于心理描写和五觉描写的占比，其实没有固定的要求，这取决于你的演讲内容和目的。不过，一般来说，**五觉描写更多是用于创造场景和氛围，而心理描写则用于**

深化人物形象和情感。"

张俊："那在实际的演讲中,我应该怎么搭配这两种描写呢?"

丫丫老师："这是个好问题!首先,你可以先用五觉描写来设置背景,让听众对环境有一个清晰的感知。比如,你可以说'夜幕降临,街灯下的咖啡馆散发着温暖的黄色光芒,空气中弥漫着咖啡的香气'。这样,听众就能在脑海中形成一个具体的画面。"

张俊："那心理描写通常在什么时候出现呢?"

丫丫老师："心理描写通常在人物面临选择、冲突或者有强烈情感波动时出现。比如,一个人在做出重要决定前,你可以说'他的内心充满了矛盾,一方面是对未知的恐惧,另一方面是对改变的渴望'。这样的描写能够让听众更加理解人物的内心世界哦。"

张俊："我明白了,五觉描写可以帮助听众进入场景,而心理描写则能够让听众理解人物的行为动机和情感变化。"

丫丫老师："没错。在搭配使用时,你需要注意平衡。五觉描写可以频繁一些,但心理描写则要更加精准和有力。心理描写不宜过多,否则可能会让听众感到沉重或者困惑。你需要在适当的时候用心理描写来强化演讲的情感高潮或者突出关键转折点。"

张俊："谢谢丫丫老师,我懂了!"

丫丫老师露出一个坏笑:说:"真的吗?别急,我们还是来练习一下吧!这里有一个场景,我给你一个平铺直叙的描述,没有五觉和心理描写。请你在括号里填上适当的五觉描写或心理描写,让这个场景更加生动和真实。"

场景:张俊(　　)走进会议室(　　),看到老板(　　)坐在主席位上,他走到自己的座位上坐下。老板开始讲话,介绍了今天的会议议程。张俊(　　)听着,不时点头。(　　)

会议进行了两个小时，最后老板宣布散会（　　　　）。

张俊："丫丫老师，我尝试填一下空。不过有些地方我把语序或者表达细节稍微变换一下，应该可以吧？"

丫丫老师："可以的。"

张俊修改后的描述是：

张俊轻轻推开门走进会议室，会议室里弥漫着淡淡的咖啡味，空调的微凉让人精神一振。他看到老板坐在主席位上，老板的目光似乎透出一丝严肃，让张俊的心跳微微加速。他走到自己的座位上坐下。老板开始讲话，介绍了今天的会议议程。张俊专注地听着，不时点头，他内心思考着老板的每一个提议，想象着它们对团队可能产生的影响。会议进行了两个小时，最后老板宣布散会。张俊感到一股释然，同时也对即将到来的项目充满期待。

丫丫老师："哇，太棒了！你添加的五觉和心理描写让整个场景变得更加生动和真实呢！听众能够通过你的描述感受到会议的氛围和你的内心活动。继续保持这样的练习，你的演讲技巧会越来越好。"

张俊很开心地回应道："我也觉得自己的任督二脉一下被打通了，没想到加入了细节表达之后，语言一下变得如此有代入感和吸引力了。"

3.2　巧妙运用修辞手法

丫丫老师也笑了，说："这才刚刚开始哦！"

"才刚刚开始？"张俊感觉到不可思议，使劲眨了眨眼睛。

"通过五觉和心理感觉的描述,我们可以更加生动地表达自己的感受和体验。"丫丫老师顿了顿继续说道,"那么,为了把我们的感受体验描述得更加具体,我们需要在适当的时候加入一些修辞手法。"

3.2.1 比喻和拟人

张俊:"丫丫老师,修辞手法我了解一些,小学就学过了,比如常用的比喻和拟人。"

丫丫老师:"很好,那你能告诉我,比喻和拟人分别是什么吗?"

张俊:"**比喻就是用一个事物来代替另一个事物**,让说的话更有画面感。**拟人**嘛,就是**让非人的东西像人一样行动或者有感情**。"

丫丫老师:"那我们来练习一下,先试着用比喻的手法来描述你在工作中遇到的困难。"

张俊:"嗯,困难就像是项目中的复杂代码,虽然难以解决,但一旦解开,就能让程序运行得更加流畅。"

丫丫老师:"哈哈,这个解释很适合给程序员讲。"

张俊:"您这么一说,还真是这样。"

丫丫老师:"不错,那用拟人的方式来描述一下你电脑中的软件的功能吧。"

张俊:"软件就像是一个个勤劳的工人,它们在后台默默工作,确保我能够高效完成任务。"

丫丫老师:"不错,你的比喻和拟人都用得很棒!"

张俊不好意思地摸了摸头,说:"我发现这两种修辞手法都不难，因为以前就知道了，难的是根本想不起来用，或者想用的时候又找不到东西来进行比喻和拟人化。"

丫丫老师："你能有这样的意识真的非常不错。毕竟**觉察是成长的第一步**嘛。"

"嗯嗯。"张俊点了点头，心想：为了让自己的口才表达更有趣，看来今后要多多重视使用修辞手法了。

3.2.2 通感

"我们已经讨论了比喻和拟人，现在我们再来学习一个新的修辞手法。"丫丫老师接着说，"那就是通感。你知道通感是什么吗？"

张俊："听说过，但是……忘了。"

丫丫老师："哈哈，没关系。**通感是一种将不同感官体验交织在一起的修辞手法，它可以增强语言的表现力，让听众能够通过一种感官体验到另一种感官的感受**。比如，我们常说'甜蜜的声音'，就是把听觉和味觉结合起来，让声音也有了甜美的感觉。"

张俊："看来这个修辞手法就是把五觉当中的多个感觉渠道串联起来了。"

丫丫老师："可以这么理解。现在，我们来练习一下通感，试着用通感的方式来描述一下你的工作环境。"

张俊："我的工作环境充满了活力的颜色，每一个图标都像是有着自己独特的旋律，让我在视觉上也能感受到一种和谐的节奏。"

丫丫老师："非常好，你的描述让工作环境变得生动起来。再试试用通感来描述一下你的同事呢？"

张俊:"我的同事,他们的笑声就像是清新的花香,每次听到都能让我心情愉悦,仿佛能够闻到快乐的气息。"

丫丫老师:"太棒了,张俊!你的通感练习现在已经做得很好了。"

3.2.3 排比

丫丫老师:"接下来,我们再试试排比。排比是运用重复相似的句式或结构来表达的手法,你能用它来表达一下你对工作的态度吗?"

张俊撇了撇嘴说:"嗯,能给些提示吗?突然要想出个例子,一时还真想不出来。"

丫丫老师:"比如,在工作汇报的结尾,可以用'我要用心研究技术,用心编写代码,用心解决问题,不辜负每一个项目的期待'这样的方式结尾,显得更有气势。"

张俊打趣地说:"我以前做工作汇报,结尾都是'谢谢观看',哈哈,现在一看,确实有点单调乏味,也没有什么气势。用上排比句来表达的话,气势上就强多了。"

"是的。不过练习排比还是需要我们多看、多听、多收集,才可能表达出更加流畅的排比句哦。"

3.2.4 对比

丫丫老师:"接下来我们再来说对比。**它通过将两个相对或相反的事物放在一起比较,来突出它们的特点或意义**。比如,可以试着用对比的方式来描述'成功'和'失败'。"

张俊:"我想,成功是程序的一次顺利运行,而失败则是一个有用的错误信息,它们都是我们成长的机会。"

丫丫老师:"很好!你用对比的方式说明了两者的重要意义,后半句还归纳总结了它们的共同价值,有对比,有相通,很不错哦。"

接着,她继续说道:"当然,除了用对比区分概念,在描述一个人的性格时,我们可以说'他外表冷酷如冰,内心热情似火',这样就能强烈地表现他性格上的内外反差。当然也可以通过描述外界环境的变化,来展现人物不同的心情。比如描述一天的天气变化,我们可以说'早晨阳光明媚,下午乌云密布',这样的对比能让读者更清楚地感受到天气的戏剧性变化,顺带烘托出主人公的内心情绪对比。"

张俊:"我明白了。怪不得偶像剧里面两人一分手就要下雨呢,原来就是'演技不够,天气来凑'啊。哈哈。"

"那接下来我给你出前半句,你来补充后半句,体现对比感,怎么样?"丫丫老师问道。

"好啊!感觉很有趣。"

"话先说在前面,我们要增加一点难度哦!"丫丫老师神秘地说。

"哦?"张俊不解。

"你运用对比时还要结合使用前面讲的其他修辞手法,这样运用对比来描述才更加生动哦!不过没关系,我的上半句话里面会有提示。请看题——"

①描述一场比赛,突出两队的不同战术和风格:

一方稳如泰山,另一方……

②描述生活不同阶段:

童年是无忧无虑的蓝天……

③描述不同的娱乐或学习方式对人不同的影响：

书籍是心灵的窗户，而电视是……

参考答案：

①一方稳如泰山，另一方动如脱兔。（对比+比喻）

②童年是无忧无虑的蓝天，成年是充满挑战的战场。（对比+比喻）

③书籍是心灵的窗户，而电视是眼睛的快餐。（对比+通感）

丫丫老师："很好，张俊，将对比和其他修辞手法相结合来使用，你的表达越来越生动了。"

3.2.5 反问

"最后，我们再来试试反问。**反问是用问句来引发听众思考，起强调作用。**你能用反问句来表达一下你对团队合作的看法吗？"

张俊："难道团队合作不是我们完成项目的关键吗？"

丫丫老师："很好。"

张俊："不过我感觉这样的反问不是什么时候都能用的。有时候说出来，别人在情绪上不一定愿意接受呢。"

丫丫老师："是的，反问一定要**注意听众的情绪**，如果对方还没有完全接受你的观点，就不要把这个观点拿来做反问。比如要同事加班，如果同事还没有打心底里认同这件事，如果用了反问句：'难道我们不该加班吗？'同事反而可能心生抵触，心想：'难道我们该加班吗？'从而听不进去你后面可能要讲的内容了，这样也就起了反效果。"

张俊点点头："口才表达其实也是沟通的艺术啊。"

丫丫老师又说："你能注意到方法不是万能的，就特别棒。

其实，每种修辞手法在使用时都有相应的注意事项。下面我给出一些虽然使用了修辞手法但是表达效果比较欠佳的例子，我们一起来看看它们都有什么问题吧。"

3.2.6 修辞手法使用误区

为了帮助张俊更好地理解这些修辞手法的运用，丫丫老师给张俊展示了一些修辞手法使用欠佳的案例，并分别进行了评讲。

（1）比喻

欠妥描述：我们的项目就像是一盘散沙，需要我们用胶水把它粘起来。

老师点评：这个比喻有点不太合适，因为"一盘散沙"和"用胶水把它粘起来"之间的联系不够紧密，可能会让听众觉得有点儿摸不着头脑。

注意事项：确保比喻的两件事物之间有相似之处，这样读者才能理解你的意图。避免使用过于复杂或难以理解的比喻，这可能会让读者感到困惑。注意比喻的创意和新鲜度，避免使用陈词滥调。

参考：我们的项目就像是一幅未完成的拼图，我们需要每个人的努力来找到合适的部分，将画面完整呈现。

（2）拟人

欠妥描述：这个电脑病毒就像是一个无家可归的流浪汉，它只想找到一个温暖的地方。

老师点评：这个拟人有点儿过头了，因为它给了电脑病毒一些不必要的同情，而且"无家可归的流浪汉"和病毒的本质特征不符。

注意事项：选择合适的对象进行拟人化，通常是一些**无生命**的事物或抽象概念。确保拟人化的特征和行为与对象的本质**相符**，不要过度夸张或不合逻辑。避免过度使用拟人化，否则可能会让表达显得幼稚或不专业。

参考：这个电脑病毒就像是一个狡猾的间谍，它在系统中悄悄潜伏，寻找机会破坏我们的数据安全。

（3）通感

欠妥描述：这个报告的声音是蓝色的，它给我一种沉重的感觉。

老师点评：这个通感描述有点儿奇怪，因为声音没有颜色，而且"蓝色的声音"并不能清晰地传达出报告的特质。

注意事项：确保运用通感时描述清晰且**易于理解**，不要让读者感到混乱。使用通感时，要保持一致，不要在一个描述中混合过多的感官体验。通感应该增强文本的丰富性，而不是复杂性。

参考：这个报告的声音低沉而有力，就像是一阵远处的雷鸣，它给我的心灵带来了一种震撼。

（4）对比

欠妥描述：我们的竞争对手就像是一只沉睡的狮子，而我们是敏捷的猴子。

老师点评：这个对比描述有点儿让人困惑，因为"沉睡的狮子"和"敏捷的猴子"之间的对比不够鲜明，也没有清楚地表达出竞争的优势。

注意事项：确保对比的两个事物是**真正对立**或有**显著差异**的，这样才能有效突出它们的特点。避免使用模糊或中性的对比，这样可能无法达到强调的效果。对比应该用来阐明观点或加强论点，而不是单纯为了描述而描述。

参考：我们的竞争对手强大而稳健，就像是一头雄狮，而我们是灵活机智的猎人，我们必须利用我们的速度和智慧来取得胜利。

（5）排比

欠妥描述：我要有信心，有耐心，有决心，有勇气，有毅力。

老师点评：这个排比有点儿多了，可能会让听众觉得有点儿重复和冗长，失去了强调的效果，同时气势也不足。

注意事项：使用排比时，确保重复的元素具有**相同或相似**的结构，这样才能形成节奏感。排比的内容应该是相关的，并且能够共同强化主题或论点，最好使用**动宾结构**，如"培养能力，提升素质，塑造品格"。避免过度使用排比，否则可能会让文本显得单调或过度装饰。

参考：我要用心研究技术，用心编写代码，用心解决问题，不辜负每一个项目的期待。

（6）反问

欠妥描述：难道我们不应该更加努力工作吗？

老师点评：这个反问有点儿像是质疑，因为它没有明确地表达出演讲者的立场，而且可能会被误解为对听众的不满。可能会有杠精在心里回答："不应该。"

注意事项：反问是为了引起读者思考或强调某个观点，而不是为了提问。要确保反问的语气和上下文相符。反问不应该替代明确的陈述，它应该是一种补充或强调的手段。

参考：难道我们不应该为了更好的未来而努力工作吗？

张俊非常认真地听完了所有修辞手法的讲评，对丫丫老师说道："您列举了上述误区对应的例子之后，我才发现原来自己对于这些修辞的理解还是不够深刻，所以难怪有时候用得不太贴切，感觉效果也很一般。"

丫丫老师："是的，所以修辞手法只有用得适度、准确，才能够让我们的表达锦上添花。"

3.3 创意设计幽默梗

这段时间，张俊把丫丫老师讲的关于细节优化的方法都尽可能做了一些尝试。很快他就发现自己的表达从画面感上有了很大的突破。望着听众饶有兴致的表情，他真的感觉到了所谓"绘声绘色"的表达，原来就是这样的。

看到张俊学得这么好，丫丫老师也打从心底里为他开心。

所以思索再三，丫丫老师认为是时候给张俊加个表达方面的甜点了。

丫丫老师说："当然，如果能在我们的表达过程中适当加入一些幽默的元素，这能够让我们的表达更加有趣，从而吸引听众的注意。"

张俊点点头："确实，我特别缺乏这方面的技能。"毕竟以前仅仅是想到要上台讲话就已经紧张得不得了，哪还有心情思考运用幽默的技巧呢？现在，张俊发现自己不仅在表达框架上有了一些思路，而且也积累了一些丰富的语言能让自己的表达更加有趣。这时，如果能够适当再增加一些幽默的元素，自己的表达或许就更能得到听众的青睐了。

3.3.1 自嘲

丫丫老师不紧不慢地说："第一个方法，叫作自嘲，即通过自我调侃和贬低来制造笑点，从而拉近与听众的距离，创造轻松的氛围。在演讲或汇报中，自嘲可以展现自信和谦逊，同时也能够引起共鸣，让听众感到亲切。

比如，从前我的一个学员尝试在方案讲解开场时自嘲了一下，于是他是这么开场的：'在展示我们的营销策略之前，我得先坦白，我数学特别不好。所以，当我说这个策略有100%的成功率时，请大家相信，那绝对是出于信心，而不是计算。'"

"哈哈！"张俊笑着说，"这种自嘲听起来还真的挺不错。会让人感觉自己比较谦虚，心态很好，从而拉近和他人的关系。"

丫丫老师："是的，不仅如此，自嘲瞬间将剑拔弩张的紧张氛围进行缓解。如我认识的一位伙伴，因为公众表达紧张，导致浑身发抖，嘴抖，手抖，腿也抖。一上台他就用颤抖的声音说道：'大家好，我是你们的——抖擞小王子。'没想到说完以后台下响起一阵爆笑声和鼓励的掌声，他自己突然也没那么紧张了。"

张俊："哈哈，他的心态也是蛮好的。"想了想，他又接着问："我可以从哪些地方入手来找到可以自嘲的点，同时又不至于很尴尬呢？"

丫丫老师："自嘲的点其实也没有那么难，其实就是以**开放的心态拿自己开个小玩笑**。首先，你得找到**自己的小瑕疵**或者**有趣的特点**。比如，你有没有什么小毛病或者有趣的特点？"

张俊："让我想想，我个子不高。"

丫丫老师："你介意这个事吗？"

张俊笑了，说："能说出来，当然不介意，浓缩的精华嘛，我脑袋里装的东西可比身高重要多了！"

"是呀，你看，这个自嘲不就成功了！"丫丫老师也笑了。

张俊："哈哈，这个有意思。那么如何在讲解方案的时候自嘲呢？"

丫丫老师："那你就得把自嘲和具体的场合结合起来。比如在讲方案的开场，你可以说：'大家好，我这人一站上台就像棵树一样杵着，但你们放心，我今天要说的内容肯定比我的站姿精彩。'"

张俊："明白了，那么换话题的时候呢？"

丫丫老师："换话题时，你可以这样自嘲——'好了，咱们换个话题，来说说我们的市场策略。虽然我平时连买菜都算不清账，但这个策略我还是挺有信心的。'"

张俊："不错，一下子就让人有一种想要接纳演讲者的感觉。"

丫丫老师："没错，自嘲就是用点小幽默，让大家觉得你挺亲切、挺好相处的。记得，自嘲不是贬低自己，需要有个相对开放的心态，用一种轻松的方式让大家笑一笑，放松一下气氛就好。"

张俊："好的，我明白了。"

紧接着，丫丫老师又补充道："要特别提醒你的是，自嘲要注意尽量提供积极的信息，即**自嘲后，再把今天演讲相关的某部分特质展示出来。**"

说到这里，丫丫老师给张俊分享了一个反面的自嘲案例：

在一次工作汇报中，小李正在向同事们展示他的项目计划：

第3天　你不是太平淡，只是缺点小细节

"大家好，今天我要给大家介绍我们的季度销售策略。在我开始之前，我想先说一句，我这个人啊，简直就是个天生的失败者。你们知道吗，我以前做的项目，没有一个不是以失败告终的。"

这样的自嘲就明显过度了，它主要有以下几个问题：

（1）影响听众对你的信任。小李的自嘲过于负面，听起来像是在否定自己的所有成就，这会让听众对他的能力和项目的成功产生怀疑。尤其是在工作汇报这样的正式场合，过度的自嘲可能会被认为是不专业的表现。

（2）缺乏正面信息。他的自嘲没有提供任何正面信息或转折，这让听众难以对他的演讲保持积极的态度。

"那我们如何帮助小李调整呢？"丫丫老师看向了张俊。

张俊陷入了沉思，不一会，他说："我认为正确的做法是，让小李先适度地自嘲，并且迅速转向正面的信息，比如可以这样说：'大家好，今天我要给大家介绍我们的季度销售策略。在我开始之前，我想开个小玩笑，我这个人啊，有时候觉得自己就像是屡败屡战的代表。但别担心，每一次失败都让我更接近成功，而今天的这个策略，我相信是我们走向胜利的下一步。'"

"很好。这样的自嘲既有幽默感，又展现了小李的积极态度和对项目的信心，一方面可以让听众提升对小李开场的信任度，另一方面则可以让大家在开场时都有个积极的状态面对项目。"丫丫老师很欣慰地点评道，"同时我要提醒你，自嘲尽量不要涉及宗教、性别、政治等，以免出现争议，那就得不偿失了哦。"

"好的，我明白了，要做好自嘲，保持一个开放的心态是基础，同时还要考虑听众群体的感受，不触碰基本原则，避免尴尬和不适。"张俊点点头。

3.3.2 出其不意

"嗯,适当体现出自己的反差也会让人颇感意外。而人们都喜欢出其不意。"张俊补充道。

丫丫老师:"这就要说到另外一个幽默的方法了,那就是**出其不意**。"

张俊:"就是不按套路出牌,对吧?这个我懂。比如前段时间网上的一些话,'强扭的瓜不甜,但是扭下来我就开心了!''听君一席话,如听一席话''听君一席话,白读十年书'。"

丫丫老师:"是这意思,那为什么这些话能产生出其不意的效果?"

张俊:"我就是感觉想出这些句子的人脑子很特别,但我自己想不出来。"

丫丫老师:"其实也没有那么难。我们来一起找找这些句子的规律,你就知道怎么做了。"

张俊:"好!"

丫丫老师给出了一些出其不意的幽默例句,如表3-1所示。

表3-1 出其不意的幽默例句

序号	项目	前半句	后半句转折
1	原表达	强扭的瓜不甜,	扭下来我就开心了。
	实际含义	考虑人情世故很重要,	更重要的是自己开心。
2	原表达	听君一席话,	(胜读十年书) 白读十年书。 如听一席话。
	实际含义	你讲的话	(让我醍醐灌顶) 毫无用处。

续表

序号	项目	前半句	后半句转折
3	原表达	甲：如果有两个男朋友，你喜欢帅气但没有内涵的那个，还是有内涵但不帅气的那个？ 乙：好看的皮囊千篇一律，有趣的灵魂万里挑一。	我当然选帅气的。 我就挑千篇一律的。
	实际含义	外在不如内在重要，	但我还是选外在。

序号	项目	前半句	后半递进句
4	原表达	早起的鸟儿有虫吃，	晚起的我有外卖点！
	实际含义	勤奋才有福利，所以要早起；	只要有方法，晚来也能享受福利。
5	原表达	吃不到葡萄说葡萄酸，	吃到了葡萄干也甜。
	实际含义	拿不到事物A就说它不好，	拿不到事物A也能拿到事物B。

丫丫老师："从这个表就可以看出，这些出其不意的幽默句子是有套路的。本质上是由两个小分句构成。这里面第二个小分句和第一个小分句要有鲜明的差异，主要有两种方式：**转折和递进。**"

以下是丫丫老师的具体分析，让我们一起来看看：

先看第1～3句，前半句和后半句是转折关系。

第1句，前半句"强扭的瓜不甜"，听众或许认为接下来可能要说"顺应他人意愿很重要"，但没想到后半句是"扭下来我就开心了"，强调以自我为中心的快乐，和"顺应他人"意思相反，从而给人很强的出其不意之感。

第2句则是改写自脍炙人口的格言："听君一席话，胜读十年书。"下半句改写表达了相反的意思，让人不禁莞尔一笑。

第3句，通过先给一个前置选对象的标准"好看的皮囊千篇一律，有趣的灵魂万里挑一"，让人以为接下来的选择就要按照这个标准进行，但是后半句反而做出相反的选择，从而给听众带来出其不意的幽默感受。

再看第4和第5句，前半句和后半句是递进关系。

第4句，后半句可能会对前半句内容做一个补充，如"早起的鸟儿有虫吃"既然有了"早起"的场景，就把听众思维限定在了"早"的维度，下半句可能会让听众以为继续讲关于"早"的场景。然而下半句却补充了"晚起"的情况，并表示"晚起"也会有所得，这可能是大部分听众没有想到的，从而达到了出其不意的效果。

同理，第5句，"吃不到葡萄说葡萄酸"是上半句，可能会让人以为下半句仍然是对它的说明而列举的不同场景，但下半句却补充了"吃到了葡萄干也甜"的情形。用意是，从"拿不到事物A就说它不好"延展出"拿不到事物A也能拿到事物B"的新观点。

事实上，我们很多幽默点的基本形态都采用了这种出其不意的设置方式。只不过表达方式上可以调整，可以即兴灵活变形。但基本原理都是一样的，正所谓万变不离其宗。

张俊听完后，恍然大悟，说："这样就把看起来无迹可寻的幽默变得有方法可依了，真棒！"

丫丫老师："关键还是需要你平时多看，多听，多思，再结合给出的参考句式，做出更好的出其不意的幽默设置。"

张俊："好的，谢谢老师！不过，万一我设置了幽默的语句，大家并没有笑怎么办？"

"这里也是我想提醒你的地方。"丫丫老师喝了一口茶说，"我们的听众，每个人的成长背景、性格都不一样，在这样的情况下，每个人笑点并不相同。在大的语境下，我们不能强求所有人面对同一个笑点都哈哈大笑，所以我们只能说在准备的时候可以适当选择多设置几个笑点。更多选择，更多欢笑嘛。平时认真准备，呈现时就顺其自然了。当理解这些方法后，我们也许还能够被激发出一些即兴的幽默的语言表达，从而有助于营造听众接受的融洽氛围。"

张俊："好的，谢谢丫丫老师，您的提醒让我醍醐灌顶，我记住了。"

3.4 AI赋能口才表达——30秒用AI为细节润色

我发现很多人的演讲稿大多是用写作的方式产出的，所以就会导致既不好背，也不好说。听众听起来云里雾里，呵欠连天。

因此这里有两种语句书写的方法，结合AI的帮助可以让我们的表达更口语化。

（1）前置化口语表达

这种方法也叫以说代写。即在准备演讲稿时，尝试用口语化的方式表达思想，就像在与朋友对话一样自然。

可以通过录音的方式记录，再上传给AI，将其转换成文字。之后，AI可以帮助我们整理这些口语化的内容，根据语境和语法规则对转录的文本进行初步编辑，使其更加流畅和结构化。注意，录音内容篇幅不要过长，尽量不要超过半个小时。

（2）后期口语化润色

即生成稿子后用AI润色。在完成演讲稿的初稿后，AI可以帮助我们润色文本，使其更加适合口头表达。

- 转换书面语为口语：AI可以识别并建议替换掉过于书面化的词汇和复杂句子，用更日常、简洁的词汇和句式替换。

原句：因此，我们必须采取相应的措施来解决这个问题。

AI优化：所以，咱们得想办法搞定这个问题。

- 调整语法结构：AI可以帮助我们调整句子结构，使其更符合口语交流的习惯。

原句：在考虑到所有相关因素后，我们得出的结论是，该策略应当被立即执行。

AI优化：我们考虑了所有因素，最后觉得这个策略得马上开始实施。

- 增强表达效果：AI可以建议添加一些口语化的表达，如感叹词、过渡语等，使人听起来更加自然和有感染力。

原句：该计划的成效非常显著。

AI优化：哇，这个计划的效果真的是太棒了！

不难发现，用AI帮助我们润色之后，原本书面语的表达方式就有口语化的亲切感了。

在此基础上，我们还可以结合本章学到的五觉细节描写、修辞手法，要求AI在这方面进一步把口语化的内容优化得更加出彩。

（1）增加五觉细节

原句：这家餐厅的菜味道不错，环境也挺好的。

AI优化：这家餐厅的菜有香气四溢，味道鲜美，每一口都是清爽的口感。餐厅内光线柔和，让人视觉上感到放松。背景音乐轻柔，不会打扰交谈。餐具触感光滑，拿在手里很舒服。空气中还飘着一丝淡淡的柠檬香味，清新宜人。

第3天 你不是太平淡，只是缺点小细节

（2）增添修辞手法

原句：我早上起床后做了早餐。

AI优化：晨光破晓，我掀开被窝的温柔怀抱，踏入厨房的领地。咖啡的香气如同晨曲，唤醒沉睡的味蕾；煎蛋与烤面包的交响，演奏着家的温馨。草莓果酱在吐司上绘出甜美的图案，金黄的鸡蛋与脆响的培根，共同在瓷盘上编织出一幅美味的画卷。热咖啡的蒸汽，像晨雾般升腾，赋予这顿早餐以仪式的魔力。

用AI优化后，内容一下子就有了画面感。当然，如果你觉得有些冗长，还可以让AI适当精简内容，或者你指明一个方向让AI重点优化，再从里面选择你喜欢的表达内容。

另外，如果想要在表达中加入一些幽默元素，也可以给AI投喂之前讲到的关于幽默梗的设计，从而让我们的演讲更有趣味性。

（3）设计幽默梗

其实AI自己也是有幽默梗的觉知的，比如运用夸张的接地气的描述，所以我们可以让AI直接为我们的演讲稿生成幽默之处。

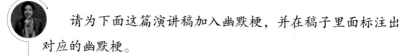请为下面这篇演讲稿加入幽默梗，并在稿子里面标注出对应的幽默梗。

各位同事：

今天，我非常高兴能够向大家详细讲解我们即将推出的电子签单方案。

首先，让我们来看看电子签单的几个核心优势：

效率提升：传统的纸质签单流程不仅耗时，而且在高峰时段容易造成排队现象。通过电子签单，客人可以在几秒钟内完成支付，这不仅提高了我们的工作效率，也极大提升了

客人的满意度。

环保节约：电子签单意味着我们将大幅减少对纸张的依赖。这不仅有助于保护环境，减少树木砍伐，同时也能为我们酒店节省一定的运营成本。

安全保障：在信息安全日益受到重视的今天，我们的电子签单系统采用了最新的加密技术，确保客人的个人信息和交易数据安全无虞。

接下来，我们来看看实施步骤：

系统选择：我们经过严格的市场调研和技术评估，选择了一套既符合国家法律法规，又能满足我们业务需求的电子签单系统。这套系统稳定可靠，易于操作。

员工培训：我们将对全体相关员工进行系统培训，确保每个人都能熟练掌握电子签单的操作流程。此外，我们还会设立专门的辅导员，以便员工在实际操作中遇到问题时能够得到及时的帮助。

逐步推广：我们计划先在部分区域进行试点，收集反馈，根据实际情况进行调整。在确保一切运行顺畅后，我们再将电子签单系统推广至整个酒店。

最后，我们的目标非常明确：

优化体验：我们希望通过电子签单，让客人在享受快速、便捷服务的同时，也能感受到我们酒店与时俱进的服务理念。

持续改进：我们深知任何系统都有改进的空间。因此，我们将密切关注客户和员工的反馈，不断优化电子签单系统，以提供更加优质的服务。

感谢大家的聆听，我们相信，通过这次服务升级，我们的酒店将能够更好地适应市场需求，提升竞争力。让我们携手共进，共创美好未来。谢谢大家！

各位同事：

今天，我非常高兴能够向大家详细讲解我们即将推出的电子签单方案。这不仅仅是一个技术升级，而且是一场让我们的手指远离墨水污渍的革命！

首先，让我们来看看电子签单的几个核心优势：

效率提升：传统的纸质签单流程不仅耗时，而且在高峰时段容易造成排队现象，就像超市打折日排队结账的老人一样。通过电子签单，客人可以在几秒钟内完成支付，这速度，简直可以让火箭发射都显得有点慢吞吞。这不仅提高了我们的工作效率，也极大提升了客人的满意度。【幽默梗1：夸张对比，将电子签单速度与火箭发射相比。】

环保节约：电子签单意味着我们将大幅减少对纸张的依赖。想象一下，我们的酒店将不再需要砍伐整片森林来打印签单，连树木都会给我们发感谢信。这不仅有助于保护环境，减少树木砍伐，同时也能为我们酒店节省一定的运营成本。【幽默梗2：拟人化，树木给酒店发感谢信。】

安全保障：在信息安全日益受到重视的今天，我们的电子签单系统采用了最新的加密技术，安全到连黑客都要考虑转行了。确保客人的个人信息和交易数据安全无虞。【幽默梗3：夸张表达，黑客因系统安全而考虑转行。】

接下来，我们来看看实施步骤：

系统选择：我们经过严格的市场调研和技术评估，选择了一套既符合国家法律法规,又能满足我们业务需求的电子签单系统。这套系统稳定可靠,易于操作,就算是我们的老同事也能轻松上手,说不定还能成为技术高手呢。【幽默梗4:反转预期,老同事也能成为技术高手。】

员工培训:我们将对全体相关员工进行系统培训,确保每个人都能熟练掌握电子签单的操作流程。此外,我们还会设立专门的辅导员,以便员工在实际操作中遇到问题时能够得到及时的帮助。放心,我们不会让任何人因为操作失误而变成"电子签单小白"的。【幽默梗5:使用流行语"小白",幽默地表达不会让员工不懂操作。】

逐步推广:我们计划先在部分区域进行试点,收集反馈,根据实际情况进行调整。在确保一切运行顺畅后,我们再将电子签单系统推广至整个酒店。就像是在餐厅尝试新菜,如果顾客喜欢,我们就把它加入菜单。【幽默梗6:比喻,将电子签单推广比作餐厅加入新菜。】

最后,我们的目标非常明确:

优化体验:我们希望通过电子签单,让客人在享受快速、便捷服务的同时,也能感受到我们酒店与时俱进的服务理念。毕竟,谁不想在享受服务的同时,也能感受到一点"科技范儿"呢?【幽默梗7:使用流行语"科技范儿",强调服务的现代感。】

持续改进:我们深知任何系统都有改进的空间。因此,我们将密切关注客人和员工的反馈,不断优化电子签单系统,以提供更加优质的服务。毕竟,连苹果手机都在不断更新,我们的电子签单也不能落后。【幽默梗8:类比,将电子签单系统更新与苹果手机更新相比。】

感谢大家的聆听,我们相信,通过这次服务升级,我们的酒店将能够更好地适应市场需求,提升竞争力。让我们携手共进,共创美好未来。谢谢大家!【幽默梗9:虽然没有直接加入幽默梗,但可以用轻松的语气结束,比如:"让我们一起迎接无纸化的美好未来,让签单变得和玩手机一样简单!"】

可以看到,AI 直接为我们生成了演讲稿中可以设置幽默梗的地方。不过还需要我们自己去辨别哪些幽默梗在当下的场合更合适、效果更好。要么进行删减,要么进行调整。比如【幽默梗8:类比,将电子签单系统更新与苹果手机更新相比】,就可以替换成国产电子产品品牌,对于国人而言更接地气。

当然,我们也可以"以子之矛,攻子之盾",让 AI 自己来反馈一下自己设计的幽默梗。

> 请你评价一下自己设计的幽默梗,有没有可能出现尴尬的情况,结合上下文,一条一条评价。

> 当然,以下是对我设计的幽默梗可能出现的尴尬情况的评价:
>
> 幽默梗1(夸张对比,将电子签单速度与火箭发射相比)
>
> 可能的尴尬情况:如果听众对火箭发射速度没有直观感受,或者认为这种比较过于夸张,可能会感到不太自然。
>
> 评价:这个幽默梗在以技术或效率为主题的演讲中通常效果不错,但需要注意听众的背景,确保他们能够理解并欣赏这种夸张的比喻。

幽默梗2（拟人化，树木给酒店发感谢信）

可能的尴尬情况：如果听众对环保议题不感兴趣，或者认为这种拟人化手法过于幼稚，可能会感到不合适。

评价：这个幽默梗在强调环保优势时使用，通常能够引起共鸣，但需要确保听众能够接受这种幽默方式。

幽默梗3（夸张表达，黑客因系统安全而考虑转行）

可能的尴尬情况：如果听众认为网络安全问题非常严肃，或者认为这种说法不切实际，可能会感到不妥。

评价：这个幽默梗在强调系统安全性时使用，可以增加轻松气氛，但要注意不要贬低听众的专业知识。

幽默梗4（反转预期，老同事也能成为技术高手）

可能的尴尬情况：如果老同事在场，可能会感到被冒犯或者不被尊重。

评价：这个幽默梗需要谨慎使用，确保不会让任何群体感到被边缘化或嘲笑。

幽默梗5（使用流行语"小白"，幽默地表达不会让员工不懂操作）

可能的尴尬情况：如果听众不熟悉"小白"这个词，或者认为这是一种不专业的说法，可能会感到尴尬。

评价：这个幽默梗在年轻或熟悉网络语言的听众中效果较好，但在正式或年长听众面前可能不太合适。

幽默梗6（比喻，将电子签单推广比作餐厅加入新菜）

可能的尴尬情况：如果听众不能立即理解这个比喻，或者认为这种比较不够贴切，可能会感到不解。

评价：这个幽默梗在描述逐步推广过程时比较贴切，但需要确保听众能够跟随演讲者的思路。

幽默梗7（使用流行语"科技范儿"，强调服务的现代感）

可能的尴尬情况：如果听众不熟悉这个流行语，或者认为这种说法不够正式，可能会感到不适应。

评价：这个幽默梗在年轻或时尚的听众中可能会很受欢迎，但在正式或传统的听众面前可能不太合适。

幽默梗8（类比，将电子签单系统更新与苹果手机更新相比）

可能的尴尬情况：如果听众对苹果手机或技术更新不感兴趣，或者认为这种比较过于简单，可能会感到无趣。

评价：这个幽默梗在强调持续改进时比较有效，但需要确保听众对这种比较感兴趣。

总的来说，幽默梗的使用需要根据听众的背景、兴趣和演讲的正式程度来决定，以确保它们能够被恰当地接受，而不会引起尴尬或不适。

发现没？AI的反馈好像还很有道理！通过我们的指令，AI和自己的回答碰撞出了新的火花，给了我们新的参考，从而在幽默梗的设置上，把讲稿打磨得更好。

第3天小练习——场景描述训练

这一章节的学习是不是也是干货十足，但又充满乐趣？我知道也许你已经在期待接下来的小练习了！让我们一起来试一试吧！

练习一　请把下列句子用五觉＋心理感觉进行扩写描述。

①他弯腰，捡起了石头。

②阳光照进了窗户。

③他鼓起勇气进入了鬼屋。

练习二 请把下列句子用修辞手法进行扩写描述。

①他弯腰，捡起了石头。

②阳光照进了窗户。

③他鼓起勇气进入了鬼屋。

练习三 请把下列句子的后半句进行改写或者补充，营造出其不意的效果。

①常在河边走，（改写）哪能不湿鞋。

②巧妇难为无米之炊，_____。

③人不可貌相，（改写）海水不可斗量。

参考答案：

练习一

①弯腰向下，他的手指轻轻地在冰冷的石面上摸索，直到紧紧握住了一块粗糙的石头。石头的表面不平整，硌得手掌有些疼痛，但他没有退缩，反而用力一拽，将石头从地上拔了起来。随着他的动作，身体微微向后倾斜，但他很快稳住身形，站直了腰板，准备迎接接下来的挑战。

②阳光穿透了窗户的玻璃，洒满了整个房间。温暖的光线轻轻地抚摸着我的脸颊，带来无尽的舒适和惬意。明亮的阳光让房间焕发出勃勃生机，墙壁上的色彩变得更加鲜艳，地板上的灰尘也被照得无处遁形。我闭上眼睛，深深地吸了一口阳光的气息，心中涌起一股满足和幸福的暖流。

③深吸一口气，试图平复自己狂跳的心脏，然后鼓起勇气，迈出了第一步。脚步沉重而坚定，每一步都像是在告诉他不要

回头。走进鬼屋,感受到一股阴森的氛围,寒气逼人,不禁打了个冷战。眼睛紧紧地盯着前方,试图看穿黑暗中的每一个角落。耳朵敏锐地捕捉着周围的动静,心跳声和呼吸声在耳边回荡。手指紧张地握成了拳头,汗水从额头上滑落,内心充满恐惧和不安,但他没有退缩,继续向前,迎接未知的挑战。

练习二

①他深深地弯下腰,就像一位谦卑的农夫在稻田里耕耘,然后用他那粗糙的手捡起了那块沉甸甸的石头,仿佛捡起了整个世界的重量。

②阳光轻柔地、悄无声息地照进了窗户,仿佛是一位细心的母亲,轻轻地唤醒了沉睡的孩子,用她的温暖和光明,照亮了整个房间。

③他深吸了一口气,像是吸入了一股勇气的力量,然后鼓起勇气,一步一步地走进了那个阴森恐怖的鬼屋,就像是一位勇敢的探险家,踏入了一个未知的世界。

练习三

①常在河边走,但我就有办法不湿鞋;常在河边走,就算湿了鞋很快就能烘干。

②巧妇难为无米之炊,就算没米我也能炊(吹)。

③人不可貌相,但没有人会通过你邋遢的外表来了解你的内在。

怎么样?读者们做完了练习,有没有一种脑洞大开的感觉?

真是太棒了,稍微一点拨,就可以思考出这么多有趣的内容!相信自己,在口才表达上,你一定可以说出属于自己的精彩!!

第 4 天

会举例，增强表达说服力

- 情节跌宕起伏的对钩模型
- 制造悬念的原因公式
- 提起兴趣的 SCQA 结构

案例打磨

第4天　会举例，增强表达说服力

讲道理不如举案例，在口才表达的过程中，会讲故事、举案例会让我们的表达效率倍增，同时也能够更好地增强对观点的说服力，达到真正有理有据说服他人的效果。因此，本章为大家介绍几种不同的列举案例的框架结构，以供大家在对应的场景下选择合适的框架列举案例。

4.1　案例表达的对钩（✓）模型

过了一段时间，张俊又来找丫丫老师了。这次，他带来的消息是喜忧参半的。

"丫丫老师，自从上次您教了我表达细节以后，我确实觉得自己讲故事或者案例的时候比较有画面感了。但当我把这些内容放到我的表达里面时，有些细节又感觉啰啰唆唆，没有必要交代，有些该交代的细节却又忘了说。问题是，我又分不出来哪些细节表述是啰唆的、哪些是必要的。"

丫丫老师点点头，说："你这个问题很多刚学完细节表达的同学都遇到过，大家刚开始专注细节表述，忽略了故事案例表达的整体布局，就会有这样的问题出现。"

"那怎么做整体布局呢？"张俊焦急地询问。

"前期可以先学习一些表达框架。你现在拥有的这些细节表达的片段就像一颗颗散落的珠子，表达框架就像线一样把它们一颗颗串起来，并且你可以根据你这个框架线条的走势来取舍，看看哪些细节表达片段的珠子是不需要的。"

"嗯，对，我就是没有串起珠子的线，每颗珠子都想串，最后搞得又臭又长。"

4.1.1 对钩（√）模型构成

"那我给你分享一个表达框架，帮你把这些画面支撑起来。这个表达框架叫对钩模型，非常适合讲案例或者故事。"

"对钩模型？"张俊说道。

"是的，要想提升感染力，就要用"√"模型，即对钩模型。"丫丫老师边说边在纸上画出了一个"√"。

"我已经迫不及待想知道怎么说啦。"张俊摩拳擦掌地说。

"要注意这个对钩上面有四个点，分别是：**风和日丽**（li），**晴天霹雳**（li），**洪荒之力**（li），**晴空万里**（li）。"丫丫老师说着便在"√"上标注上了对应四个点，如图4-1所示。

"哇，每个都是用li结尾，有趣。"张俊感慨道。

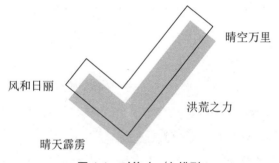

图4-1 对钩（√）模型

（1）风和日丽

风和日丽就是指某件事一开始对主人公来说没有什么难度，或者主人公和他的团队并没有料想到有什么困难。

张俊："如果项目一直都很顺利，怎么办？"

丫丫老师："张俊，你觉得在项目初期一切顺利，这种状态能一直保持下去吗？"

张俊："希望如此，但现实总会有些变化和挑战，比如市场变化或内部资源重新分配。"

丫丫老师："没错，这就是接下来'晴天霹雳'的作用。"

（2）晴天霹雳

晴天霹雳是指主人公在做项目的过程中，出现了难题，或者发生了不在他的掌控范围内的意外事件。丫丫老师接下来又问道："故事需要高潮才能引起观众的兴趣。你知道在这种情况下，怎么讲述晴天霹雳才能更吸引人吗？"

张俊："可能要详细描述挑战的突然性和团队的反应吧。"

丫丫老师："对！观众喜欢看到角色在困难中成长，这能激发他们的共鸣。"

（3）洪荒之力

洪荒之力是指主人公所做的努力。

张俊："那在洪荒之力阶段，我们是不是应该更加细致地描述每个团队成员的努力和付出？"

丫丫老师："没错。你可以讲述某个成员的特别贡献，或者团队如何团结一致。这些细节都能让故事更加生动。记住，故事的力量不在于结果，而在于过程中的每一个努力和转折。你还可以在故事中加入一些幽默和轻松的瞬间，这样更容易引起观众的共鸣。比如，你可以讲述团队在加班时的一些趣事，或者是某个成员的幽默感如何缓解了紧张的氛围。"

丫丫老师顿了顿，又补充道："洪荒之力还有一个需要注意的地方。仔细看，这个洪荒之力的点是不是在爬升的坡道上？这个点却把这个坡道分成了两段。对吧？"

"哦，我明白了，也就是说不能只努力一次，至少要努力两次，或者用不同的努力方法才能凸显这个努力的过程，对吧？"张俊眨了眨眼睛说道。

"你说到点子上了，"丫丫老师微笑道，"洪荒之力也就是我们说的努力的过程，人们不想听一步登天、不劳而获的故事。比如别人问一个富翁：'我如何才能变得像你一样有钱呢？'如果富翁的一个回答是'买了一张彩票中奖了就有钱了'，另一个回答是'通过自己努力创业，克服艰辛，最后获得成功'。你觉得哪个会对提问的人更有参考意义呢？"

"应该是第二个，因为这种努力也许可以被人复制借鉴，取得成功。"张俊说。

"是的，哪怕选择第一个回答，可能还会继续追问买彩票里面有哪些可以被复制的努力过程，这样才是值得借鉴参考、更有价值的。对吧？"

"嗯，确实如此。"张俊用手托住了下巴，若有所思。

"所以这努力爬坡的过程，如果只讲一次的努力，或者一次努力就成功，很容易让别人认为这样的说法只是运气好，没什么真正有价值的东西值得大家听，这个分享的价值感就弱了。因此这个'洪荒之力'如果可以讲好，就是最能够增强你表达价值感的部分哦。"

"懂了，丫丫老师。"张俊顿了顿，又说道，"可是万一我当时确实只尝试了一种方法或者确实只努力了一次就成功了，那怎么办？不是说至少要两种方法或者两次努力吗？难道要硬编一个吗?"

"别急,"丫丫老师轻轻拍了拍他的肩膀,"还记得前面我们在学习描写细节的时候除了'五觉'作为外在描写方式,对应的内在描写方式是什么?"

"心理描写!"张俊快速答道,"我明白了,如果确实行为上只尝试了一种方法,或者只努力了一次,就把行动之前的心理挣扎也加进去,这样就相当于完成了第一次的努力过程。"

"是的,就像一些肥皂剧。有些肥皂剧之所以会被骂狗血,主要就是因为男女主角爱得非常突兀,看到对方的第一眼就相爱了,不管后面遇到什么挫折都不离不弃,爱得死去活来。观众看得一头雾水,一点不理解。这很大程度就是因为前期没有搞懂他们怎么就相爱了,没有从心理层面上产生共鸣,也就不能从行为层面上理解。表达也是如此,怎么先让主人公的心理实现从晴天霹雳的打击消沉,到洪荒之力的振作精神。这个转折部分的心理描写看似容易被忽略,但其实是引发听众共鸣很重要的环节。"

"这么一说还真是这样。"张俊点点头。

(4) 晴空万里

晴空万里是指通过一番努力,最后获得成功或突破。

张俊:"其实,**晴空万里**就是指结局是成功的,对吧?如果团队努力之后仍然失败了怎么办?怎么收尾呢?"

丫丫老师:"即便如此,你也可以强调从失败中学到的经验,以及团队如何在下一次做得更好。重点在于获得成长与反思,而不是过于在意完美的结果。"

张俊:"我明白了,也就是说就算没有一个大团圆的结局,依然可以让故事有意义。"

丫丫老师:"对,人生本来就是这样,有起有伏,关键在于你的表达每一个阶段都能带给听众启发。"

张俊:"谢谢您的指导,丫丫老师!我觉得用'对钩模型'讲故事,不仅能打动听众,也能让我自己在复盘中获益匪浅。"

丫丫老师:"非常好!记得在叙述中加入更多的细节,让听众真正'看到'和'感受到'那些瞬间。"

张俊:"我会的。我想把这些技巧应用到下次项目案例的讲解中,希望能让领导和同事们耳目一新。"

4.1.2 案例实操

"好的,那这周的作业就是,用这个对钩模型尝试表达一些案例或者故事。"丫丫老师说道。

"好的!我马上就去写!"张俊立马转身离开。

不到一天,他就完成了一个对钩模型的内容搭建,原文如下:

很早就看到电视上很多人冬天去滑雪,让我心里有种说不出的羡慕,期待着什么时候我也能够去体验一下。终于机会来了!同事问我休息时间有没有空去,我想都不想就说:"好!"(风和日丽)可在了解到同事们原本都会滑雪之后,我的内心开始纠结了(晴天霹雳):啊,只有我不会,大家会不会笑我,或者我会不会给大家拖后腿?但是一想到机会难得,还是去试一试吧!(洪荒之力)

到了滑雪场,站在滑雪板上,我感觉自己好像不会走路了。尽管初学者的滑雪小山坡看起来并不陡峭,但当我感受到呼啸而过的呼呼风声,两只脚还是开始瑟瑟发抖。"啪!"突然同事使劲拍了一下我的背,一股巨大力量把我往前推,身体不由自主地向前,但是脚还没有完全跟上,就这样一下摔了个"狗啃泥",一路滚到了坡下,吃了一嘴的雪。"哈哈哈哈……"看着同事站在山坡上哈哈大笑,我心里气不打一处来。不过,怎么好像也并不疼?正在诧异中,同事从山坡上以一个帅气的姿势滑了下来,就像一个追风少年,停在我旁边,向我伸出了手,示意我起来。"看吧,没有那么恐怖吧?尝试过一次就知道了。"他笑着说。"首先,发力的时候就需要……"接下来,他就开始一点一点教我滑雪的基础动作和初步要领。(洪荒之力2)我也经历了一次一次的跌倒、爬起、滑行,最后终于能够颤颤巍巍地慢慢从山坡上滑下来了。那一刻,我感觉自己也成了一个追风少年。(晴空万里)

人生中总有很多的第一次,只要勇于突破,我们就一定可以取得成功,可以成为我们自己的追风少年!

"写得不错,首先是'五觉'用得很棒,听觉、视觉、心理感觉这些都有,基础打得不错。"丫丫老师说。

"嘿嘿,那是老师教得好。"张俊害羞地摸了摸后脑勺。

"我们再来看看'对钩模型'的应用。整体板块分得还是比较明确,主要问题是洪荒之力的两次努力,第一次努力的心理转变有些突兀。前一秒还在纠结,仅仅靠一个表转折的'但',虽然也可以这么用,不过对于听众来说共鸣点有些不足。如果要修改,可以加入同事对你的鼓励或者名人名言作用施加外力的方式,也可以把自己转折的想法再表达细致一些,如:'这次如果不去,后面什么时候才有机会啊?自己也许因为一时胆怯,会错失人生中的宝贵经历,以后一定会追悔莫及啊。'这是自身内力转变的一种方式。"

"哦,我懂了,看来我之前对洪荒之力的理解还不是很深。"张俊说。

"嗯,内力就是自己内在想通的经过;外力就是外界的刺激,可以是别人的话,也可以是别人的行为,不一定作用到主人公自己身上。在理解这个模型之后,你就可以更好地进行案例或者故事的内容组织及价值输出了。"丫丫老师说。

"是的,我真的学到了很有用的方法,只是接下来还要多多练习,谢谢老师!"张俊高兴地说。

4.2 制造悬念的原因公式

丫丫老师放下手中的咖啡杯,看着张俊说:"不过有时候我们也要对案例施加一点'魔法',让他们能够更好地抓住听众的注意力,你觉得这个魔法是什么?"

丫丫老师这个问题,瞬间把张俊的思绪拉到了自己的童年。童年时期的自己最喜欢听故事,村子里爷爷讲着各种故事,其中最让他觉得扫兴的一句话就是"欲知后事如何,且听下回分解"。这句话就像一把钩子一样勾出了张俊小小内心里更多的疑问:后面主人公死了吗?又发生了什么事?怎么才能逃生成功?

带着这么多疑问,他常常早早地来到老爷爷家里,缠着他继续讲后面的故事。在当时幼小的张俊心里,也许村子里的爷爷就给故事施加了"魔法"。这个"魔法"到底是什么呢?

听完张俊的回忆，看着张俊困惑不已的表情，丫丫老师笑着说："这个魔法，其实就是'悬念'。有了'悬念'，听众的注意力才会一直在你的故事上，听众才会被你牢牢抓住。"

丫丫老师说道："我再给你分享一个**制造悬念的原因公式**，怎么样？"

"好啊，好啊。"张俊求之不得。这是一个学习给故事施加"魔法"的好机会，怎么能轻易错过？这么想着，张俊立刻拿出了纸和笔。

4.2.1 原因置后

看到张俊已经做好了准备，丫丫老师也不含糊，拿起笔在白板上边写边说："这个公式包括六个部分：时间、地点、人物、经过、结果，而最重要的部分是**原因**，我们把它放在最后。"如图 4-2 所示。

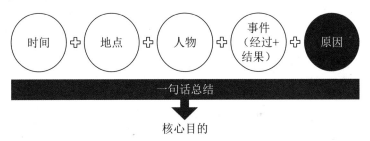

图 4-2 制造悬念的原因公式

张俊好奇地问："丫丫老师，我知道悬念在讲故事时很重要，但为什么要把原因放在最后呢？"

丫丫老师微笑着回答："原因放在最后，可以最大程度地激发听众的好奇心，让他们产生一种迫切想要知道答案的冲动。在演讲或讲故事时，悬念就像是一根无形的线，牵引着听众跟随你的思路,直到最后揭示真相的时刻。"

张俊点点头,似乎有所领悟,丫丫老师接着说:"假设你在做一个项目,一开始你就告诉同事:'项目失败了,因为预算不足。'运用这样的叙述方式,一段时间后,可能同事们对于失败的原因的印象就不是很深刻了。而且这种表述方式过于平淡、缺乏吸引力,同事们可能不会对你的故事产生太多兴趣。但如果你这样说,'我们团队经过数月的努力,克服了重重困难,就在项目即将完成的前夜,突然出现了意想不到的问题,导致项目失败。'然后你详细描述了团队的努力和遇到的问题,最后才揭示原因是——预算不足,这样的叙述方式就会让你的故事更加引人入胜,让你的听众产生共鸣,并且对'预算不足'这个小教训留下深刻印象。"

张俊沉思了一会儿,然后说:"我明白了,丫丫老师。把原因放在最后,可以让故事更加有吸引力,让听众在听到原因时产生一种'原来如此'的感觉。"

丫丫老师点头赞同,说:"没错,张俊。现在,你可以尝试用这个公式去构建一个工作中的故事,把原因放在最后,看看是否能引起听众的好奇心和共鸣。"

张俊开始构思他的故事,他决定以一个棘手的项目谈判为背景,搭建了一个大纲:

时间:几个月前的一次重要会议。

地点:公司的会议室。

人物:他和他的谈判对手。

经过:他们经历了一场激烈的谈判。

结果:他们没有达成协议。

原因:没有足够了解对方的变化情况。

根据这个大纲，张俊尝试表述了这样的一个案例：

几个月前，我在公司会议室参加了一场重要的会议。那天，我和谈判对手面对面坐着，气氛紧张得要命。这可是一场关系到公司前途的谈判，双方都感到了巨大的压力。

一开始，我信心满满地提出了自己的观点和需求，这都是根据前期和对方的初步接洽梳理的，我感觉问题不大。可对方却一反常态，反驳起来有板有眼，争论得特别激烈。随着谈判的深入，我发现对方的立场比我想象中要强硬得多。他们抛出的一大堆问题让人有点招架不住。

几个小时的唇枪舌剑之后，会议室里的气氛变得更加紧张。为了公司的利益，我们虽竭尽全力，但对方的反击同样凌厉。最后，会议结束了，双方却啥也没谈拢，我心里那个郁闷啊。

垂头丧气地回到自己的办公室，我开始琢磨整个谈判过程。我仔细回想谈判中的每一个细节，突然间恍然大悟——原来，对方公司在会议前刚刚换了个领导，新的决策者有自己的一套经营理念和谈判风格，跟以前完全不同。

我这才意识到，自己谈判前没做好功课，没了解对方的新动向，也没调整自己的谈判策略。这就是没谈成的最主要原因。要是早点意识到这一点，谈判的结果可能就大不一样了。

这次经历给了我一个深刻的教训：在重要的谈判之前，得把对方的最新情况摸个透，特别是决策层的变动。只有这样，才能做好充分的准备，调整好谈判策略，提高谈判成功的概率。

4.2.2 原因置换

"写得很好，悬念感一下就起来了，可以吸引大家坚持听到最后了。"丫丫老师表扬完张俊的作业,接下来又补充道,"事实上,你会发现造成一件事情的结果有很多原因,但是在这个原因公式里面,我们重点展示了其中**一个**原因。或许这个原因的影响占比是最大的,又或许是你想**引导**大家**觉得**这个原因是最重要的。"

张俊想了想说:"我明白了,如果我们把这个原因,如'谈判之前把对方情况了解清楚'放在一开始说,而没有这个案例引出悬念,听众可能认为我们在讲大道理,从而听不进去,不会从真正意义上重视这件事。"

丫丫老师:"是的,我们通过讲一个案例,再把原因娓娓道来,更容易让听众有恍然大悟的感觉,从而把这个和原因相关的结论记在心里,下次自己面对这样的事情时,就会格外留意了。"

张俊点点头:"这是抓住了听众心理的一种表达方式。"

丫丫老师:"这也是一种很好的口才思维训练方式哦。"

"哦?"张俊睁大了眼睛。

"我们可以尝试用一个案例,在原因的部分分别用不同的原因进行替代,会给听众不一样的感受哦。同时这也能够锻炼我们在思考和表达问题的时候**提炼不同原因的能力**。比如,就拿你刚才举的例子。之所以和客户洽谈失败是因为没有做好对客户决策人的充分了解,还可能是什么原因?"

张俊:"可能是客户那边获得一笔新的投资,使他们的谈判筹码发生了变化。"

丫丫老师:"如果我们想引导听众基于你这个原因来了解这个案例,那我们如何重新表达这个案例呢?"

张俊想了想,在原因部分做了如下修改:

几个月前,我在公司会议室参加了一场重要的会议。那天,

第4天 会举例，增强表达说服力

我和谈判对手面对面坐着，气氛紧张得要命。这可是一场关系到公司前途的谈判，双方都感到了巨大的压力。

一开始，我信心满满地提出了自己的观点和需求，这都是根据前期和对方的初步接洽梳理的，我感觉问题不大。可对方却一反常态，反驳起来有板有眼，争论得特别激烈。随着谈判的深入，我发现对方的立场比我想象中的要强硬得多。他们抛出的一大堆问题让人有点招架不住。

几个小时的唇枪舌剑之后，会议室里的气氛变得更加紧张。为了公司的利益，我们虽竭尽全力，但对方的反击同样凌厉。最后，会议结束了，双方却啥也没谈拢，我心里那个郁闷啊。

这到底是怎么回事呢？会后我不断打听谈判没有成功的原因，后来终于从对方秘书那儿知道了事情的原委：原来，对方在会议前刚刚获得了一笔重要的投资，这增强了他们的市场地位和谈判筹码，使得他们能够采取更为坚定的立场。

我这才意识到，自己谈判前没做好功课，没了解对方的新动向，也没调整自己的谈判策略。这就是没谈成的最主要原因。要是早点意识到这一点，谈判的结果可能就大不一样了。

这次经历给了我一个深刻的教训：在重要的谈判之前，得把对方的最新情况摸个透，特别是财务状况和市场地位的变动。只有这样，才能做好充分的准备，调整好谈判策略，提高谈判成功的概率。

丫丫老师："你看，这样修改之后，这个案例是不是依然可以通过不同的原因给听众带来很好的价值？"

张俊："确实如此，同一个案例，不同的原因提炼，会带来不同的价值。"

丫丫老师："所以你看，有时候不是我们没有案例，也不是我们素材不够，而是不会变换叙述的角度。一旦变换了角度，同样的素材案例可以在不同的场合发挥不同的作用哦！"

张俊感慨地说："感觉有点像原来小时候玩的魔方。手上一直是这个玩具，没有变大，没有变小，但随着我们不停旋转，扭动不同的位置，就会变出不一样的颜色或者形状。"

"你这个类比很形象！"丫丫老师深表赞同。

通过这个公式，张俊的故事一下充满了悬念，听众们也被他的故事吸引，在其讲述案例的过程中，纷纷猜测谈判失败的原因。最后，当张俊揭示原因时，大家都感到意外，但又获得了某种满足。这就是制造悬念的原因公式所带来的魅力。

4.3 提起兴趣的 SCQA 结构

"最后再给你介绍一种举例的结构——SCQA，听说过吗？"丫丫老师问道。

"好像……听说过。"张俊有种似曾相识的感觉。

丫丫老师笑着说："其实 SCQA 这种结构可以应用在很多不同的场景中，比如推介物品、讲解案例，我们结合不同的场景来看，也许你对这个框架就会有更加深刻和相对全面的认识了。"

4.3.1 推介物品/产品

丫丫老师说："你应该听过这样一个广告——'得了灰指甲，一个传染俩。问我怎么办？马上用亮甲！'，这就是一个典型的 SCQA 结构。"

SCQA 结构具体指的是：

①情境（Situation）。描述当前的背景或环境，为听众提供一个共同的参考点。如："大家都得了灰指甲。"

②冲突（Conflict）。明确故事中的挑战、障碍或问题，增加故事的紧张感。如："一个指甲还要传染给更多的指甲。"

③问题（Question）。提出问题或疑问，引导听众思考如何解决冲突。如："问我怎么办？"

④答案（Answer）。提供解决方案或答案，展示如何克服冲突或解决问题。如："马上用亮甲！"

张俊："妙啊！这个结构短小精悍，却能表达这个产品能解决的痛点问题！"

丫丫老师："是的，SCQA 模型在向别人推荐一个物品或者产品的时候比较适用，不会硬生生地说产品好，而是从特定听众的共识情景和冲突入手，把要推荐的物品或者产品作为问题的解决方案呈现出来，比较容易让人接受。"

张俊转了转眼珠，说道："那我是不是也可以用这个结构来向客户介绍产品？"

"当然，你可以试试哦。"丫丫老师笑了，心想，张俊真是个会举一反三、学以致用的学员。

情境：保持健康的生活方式变得越来越重要，但是很多人发现坚持健身和追踪自己的锻炼进度很具挑战性。

冲突：问题在于，我们都很忙，很难找到时间和精力去记录我们的锻炼数据，更不用说理解这些数据了。

问题：那么，我们怎么才能轻松地追踪我们的健康情况和健身进度呢？

答案：这就要靠我们的新型健身追踪器。它不仅设计时尚，而且操作简单，能够自动记录你的步数、睡眠质量、心率等。最重要的是，它的电池续航时间长，你只需要充电一次就能用上好几天。

而且，您还可以根据个人喜好和需求选择不同的款式和颜色。想象一下，有了这款追踪器，您不仅能随时了解自己的健康状况，还能更加积极地参与到健身活动中去。

"不错！如果再结合道具展示一下这个产品，就更能打动人心了！"丫丫老师说道。

4.3.2 讲解案例/故事

"确实。刚刚您提到用 SCQA 讲故事，怎么讲出情节起伏的感觉呢？"张俊问。

"其实，有很多好莱坞电影都是用 SCQA 搭建的故事框架哦！"丫丫老师说。

"真的吗？比如哪部电影呀？"张俊一脸好奇。

"比如《阿凡达》，很多人都看过的。"丫丫老师说。

"我很喜欢这部电影。"张俊说。

丫丫老师开始对情节进行拆解："《阿凡达》的 SCQA 剧本模型是这样的……"

情境：电影的开头设定我们到了一个遥远的星球潘多拉，那里有珍贵的资源。人类为了获取这些资源，建立了一个殖民地。这是故事的背景，为接下来的冲突设定了舞台。

冲突：随着故事的展开，我们了解到潘多拉的土著人民纳美人对于人类开采资源的行为感到愤怒，因为他们与大自然有着深厚的联系。地球人和纳美人之间的冲突逐渐升级，这是故事发展的主要驱动力。

问题：故事中的主角杰克·萨利如何在这场冲突中找到自己的位置呢？他是一个残疾的前海军陆战队员，被派往潘多拉作为阿凡达驾驶员，他的任务是赢得纳美人的信任，以便更好地进行资源开采。

答案：杰克通过与纳美人的互动，逐渐理解了他们的文化，并爱上了纳美民族的公主。他慢慢认同纳美人，反对人类的破坏行为。最终，他和纳美人一起战斗，保护了他们的家园。

"原来如此！这么成功的剧本原来也源于这个经典的框架！"张俊感慨不已。

"既然运用SCQA写剧本框架这么有效，那用在我们自己身边的案例上相信也不会差。请你举一反三，尝试用SCQA结构来讲一个自己学习或者成长的例子吧。"丫丫老师开始给张俊出题了。

"我想想……"说着他就拿起笔在草稿纸上构思了起来，没一会儿，关于SCQA的一个演讲内容就产生了。内容如下：

情境：作为一名职场新人，我曾面临着演讲时紧张和焦虑的困扰。每次站在讲台上，我总是感到手足无措，不知道该如何组织语言和表达观点。这导致我的演讲效果不佳，无法有效地传达信息。

冲突：为了克服演讲时的紧张和焦虑，我决定寻求帮助并学习相关技能。我向经验丰富的同事请教，阅读了大量有关演讲技巧的书籍，并参加了相关的培训课程，但效果一般。

问题：我该如何克服演讲时的紧张和焦虑，并提升我的演讲技巧呢？

答案：我通过不断学习和实践，逐渐掌握了以下技巧：

①充分准备：我会提前准备演讲稿，并进行多次练习，确保熟悉内容。

②调整心态：我会调整心态，将演讲视为与听众分享信息和观点的过程，而不是表演。

③使用肢体语言：我会使用肢体语言，例如手势和眼神交流，增强演讲的感染力。

丫丫老师："很好，如果你能在这个故事后面加上一个结果（Result）——'通过不断学习和实践，我成功地克服了演讲时的紧张和焦虑，演讲变得更加自信、流畅，能够有效地传达信息，并吸引听众的注意力。我也因此获得了同事和领导的认可，并在职场中取得了更好的发展。'，这样就更好了。"

张俊："明白了，谢谢丫丫老师指点。"

4.4 AI 赋能口才表达——用 AI 30 秒高效产出案例

本章介绍了对钩模型、原因公式以及 SCQA 模型。它们都是非常适合投喂给 AI 工具的表达框架。所以这个部分应用 AI 并不难。真正的难点其实在于我们能不能想到对应的案例。

基于此，我们需要分为"三步走"。

（1）发散

借助 AI 帮助我们尽可能多地发散出不同的方向，进一步启发思路，从而找到合适的案例。

（2）填充

根据案例选择对应的框架如对钩模型、原因公式等，提供给AI进行案例填充。

（3）润色

优化生成的案例，润色表达细节。

下面，我们结合一个案例来看看具体如何操作。

案例：老陈是技术部门的中层主管，这两天领导让他在一周后的表彰大会上分享一下自己的个人先进事迹，这让老陈犯了难，明明每天都是按部就班地上班，感觉自己没有什么好分享的。怎么办？让我们一起用AI协助他吧！

①发散：给AI具体的场景，让AI发散出可能的思考方向。

假设你是技术部门的中层主管，这两天领导让你在一周后的表彰大会上分享一下自己的个人先进事迹，请提供一些可分享的方向。

- 团队协作与领导力：

  分享一个具体的项目案例，展示如何通过有效的沟通和协调，带领团队达成目标。

  讲述在团队面临挑战时，如何激励团队成员，共同克服困难。

- 技术创新与成果：

介绍一项技术突破或创新，解释它是如何提高工作效率或降低成本的。

展示技术创新的过程，包括灵感来源、研发过程以及最终的应用效果。

- 项目管理与效率提升：

分析一个成功项目的关键因素，包括时间管理、资源调配和风险控制。

讲述如何通过优化流程或引入新工具，提升项目管理的效率。

- 人才培养与团队建设：

分享自己在培养新员工或指导下属方面的经验，包括培训方法和个人成长故事。

讲述如何创建一个积极的学习氛围，鼓励团队成员不断学习和提升。

- 企业文化与实践：

举例说明如何将企业价值观融入日常工作，以及这些价值观如何指导团队行为。

讲述自己如何在团队中传播和践行企业文化、影响和带动团队成员。

通过这些整合后的方向，老陈可以从自己的工作经历中挑选出最具代表性和影响力的故事，以真实、生动的叙述，展现自己的工作成就和职业精神。

AI给了这么多提示方向，相信多多少少会带给老陈一些触动，让他回忆起看似普通又平凡的每日工作中发生的不平凡的事。于是老陈回忆起之前他带领团队完成了一个时间紧、任务重的项目。为此老陈和团队还加了 2～3 天班，最后终于完成了。不过，加班不是很正常的事吗？这应该也算不得什么先进事迹吧？老陈心里不免又犯起嘀咕。

那么接下来，就需要 AI 辅助进行第二步，把老陈想到的这个有关"团队协作与领导力"方向的案例进行充实。

②填充：在这里，我们选择用对钩模型帮助老陈进行充实和拓展。

> 请就"团队协作与领导力"方向，用对钩模型（风和日丽、晴天霹雳、洪荒之力、晴空万里）的四个部分，充实一个案例，符合老陈技术主管的身份。

> 案例标题：从危机中破茧而出——老陈带领团队实现技术突破
>
> 风和日丽：
>
> 在项目启动之初，老陈作为技术部门的中层主管，带领团队按部就班地进行着一项新系统的开发工作。团队氛围和谐，每个成员都能在自己的岗位上发挥专长，项目进展顺利，就像一个风和日丽的春天，一切看起来都是那么美好。
>
> 晴天霹雳：
>
> 然而，就在项目即将进入测试阶段时，一个晴天霹雳突然降临。市场上出现了新的竞争对手，他们推出的产品在性能上远超我们即将推出的系统。这给老陈和他的团队带来了巨大的压力，客户开始质疑我们的产品竞争力，项目面临被

取消的风险。

洪荒之力：

第1次爬坡：面对竞争对手的压力，老陈首先带领团队进行了深入的市场和技术分析。他发现，虽然竞争对手的产品在某些方面领先，但我们的系统在用户体验和可定制性上有潜力。老陈决定从这里入手，他鼓励团队发挥创造力，提出了几个创新的功能点。然而，要将这些想法转化为实际的产品特性，团队面临了技术难题。这是第一次爬坡，老陈和团队成员们夜以继日地工作，通过反复的技术讨论和实验，终于突破了第一个技术瓶颈。

第2次爬坡：在实现了初步的创新后，老陈意识到仅凭这些还不足以完全超越竞争对手。于是，他提出了一个更为大胆的方案——重新设计系统的核心算法，以提高处理速度和效率。这次挑战更大，因为涉及系统架构的调整，风险和难度都显著增加。这是第二次爬坡，老陈带领团队再次投入紧张的研发中。他们遇到了多个技术难题，但每次都在老陈的鼓励和团队的共同努力下找到了解决方案。经过连续几周的高强度工作，团队终于完成了核心算法的优化，系统性能得到了质的飞跃。

晴空万里：

经过不懈努力，项目最终在客户面前展示出了强大的性能优势，赢得了客户的信任和市场的认可。老陈的团队不仅完成了看似不可能的任务，还为公司赢得了新的商机。项目成功上线后，团队受到了公司的高度赞扬，部门氛围更加积极向上，就像雨过天晴后的晴空万里，一片光明。

第4天 会举例，增强表达说服力

通过这个案例，老陈可以在表彰大会上分享自己在面对危机时的领导力、团队协作精神、技术创新能力以及不屈不挠的斗志，充分展现了他作为一名优秀技术主管的素质和能力。

拓展之后会发现，内容充实很多。不过这里面可能有些细节并不符合老陈的实际工作情况，所以老陈可以结合自己的情况进行一些调整，比如实际上他并没有设计系统的核心算法，而是修补了一系列安全漏洞，大大地降低了安全风险。因此可以对初稿内容进行替换。

③润色：在初步生成讲稿内容的基础上做完增减调整之后，再进行润色。

请对以上案例进行润色，要求：
- 表达口语化；
- 适当使用一些修辞手法，融入五觉描写、心理描写等，不必过多；
- 去掉"风和日丽、晴天霹雳、洪荒之力、晴空万里"这些字眼。

从危机中破茧而出——我的技术突破之旅

那时候，我和我的团队正稳步推进新系统的开发，一切看似顺风顺水。团队的默契就像是一首无须乐谱的交响乐，每个人都在自己的岗位上发挥着不可或缺的作用。

然而，市场的变化总是出人意料。就在我们以为可以稳操胜券的时候,一个强大的竞争对手横空出世,他们的产品性能让我们感到了前所未有的压力。客户们的疑虑如同阴云,让我们的项目前景变得扑朔迷离。

  面对挑战,我没有选择退缩。我带着团队深入分析,寻找我们的突破口。我们发现了在用户体验和可定制性上的优势,这就像是黑暗中的一束光,给了我们方向。我鼓励大家发挥创意,将这些优势转化为实际的功能。

  接下来的日子里,我们像是攀登者,面对着险峻的山峰。第一次爬坡,我们通过优化现有技术,提升了系统的性能。但这还不够,我们需要的不仅是进步,而是飞跃。于是,我们开始了第二次爬坡,这次是对安全漏洞的修补,这大大降低了安全风险,彻底打消客户在安全方面的顾虑。这个过程无疑是艰难的,但我们每个人都像是着了魔一样,日夜兼程,直到我们看到胜利的曙光。

  最终,我们的努力得到了回报。项目在客户面前展现了它的实力,赢得了信任和认可。我们的团队不仅完成了这项艰巨的任务,还为公司的未来发展开辟了新的道路。项目成功上线后,部门的士气更加高昂,就像打赢了一场胜仗。

  在表彰大会上,我可以自豪地讲述这段经历。它不仅展示了我们面对危机时的坚韧不拔,更证明了团队合作和技术创新的力量。这段旅程,让我更加坚信,只要我们齐心协力,就没有克服不了的困难。

  很快,我们就让 AI 辅助老陈产出了一个完整的、有血有肉的案例。

在这个过程中我们可以看到，当思路不够清晰的时候：

AI 可以像瞭望塔一样，帮助我们站在更高的位置上，看清更多的路，从而选择前进的方向；

AI 可以像放大镜一样，根据我们选择的框架填充案例的具体内容，丰富细节，充实素材；

AI 也可以像化妆师一样，帮助我们把调整后的案例进行润色、优化。

通过以上三步——发散、填充、润色，AI 帮助我们实现了快速高效的案例生成，让我们有案例可依，有故事可讲。

第 4 天小练习——案例表达训练

在开始我们第四章的小练习之前，有一个内容需要给大家补充一下。那就是——这一章节讲的三个结构在使用时的不同侧重点。请各位读者一起来对比看看，用三个不同的结构表达下面这个案例，会有什么不一样的地方。

例子：小王是一名程序员，在工作中经常需要解决各种技术难题。

（1）对钩模型

风和日丽：小王刚开始工作时，对编程充满热情，觉得解决问题很有成就感。

晴天霹雳：随着项目复杂度的增加，小王遇到了一些难以解决的技术难题，感到非常沮丧和挫败。

洪荒之力：但小王没有放弃，他开始查阅资料、请教同事、参加培训,并尝试不同的解决方案。

晴空万里:最终,小王成功解决了难题,并从中积累了宝贵的经验,变得更加自信和成熟。

侧重点:强调小王克服困难、努力解决问题的过程,展现其成长和进步。

(2)制造悬念的原因公式

时间:上周。

地点:公司。

人物:小王。

事件经过:小王遇到了一个特别棘手的问题,他尝试了多种方法都没有解决。

结果:小王最终解决了问题,并获得了同事和领导的认可。

原因:尽管小王尝试了多种方式无果,但仍多方寻求解决办法。

侧重点:引发听众对问题原因的好奇,突出小王解决问题的能力和坚持不懈的精神。

(3)SCQA结构

情境:程序员在工作中经常需要解决各种技术难题。

冲突:面对技术难题,程序员可能会感到沮丧和挫败。

问题:程序员应该如何解决技术难题?

答案:程序员可以查阅资料、请教同事、参加培训,并尝试不同的解决方案。

侧重点:引导听众思考解决问题的方法,并展示解决问题的方案。

基于上述对比,笔者为大家总结了三种框架结构的适用场景、主要特点等，如表 4-1 所示。

表 4-1 三种框架结构的总结

框架结构	适用场景	主要特点	结构	举例
对钩模型	案例或故事表达	突出主人公经历挑战和努力的过程，增强故事的感染力和价值感	风和日丽 → 晴天霹雳 → 洪荒之力 → 晴空万里	项目开发遇到困难，团队努力克服，最终成功推出产品
制造悬念的原因公式	讲述经历或分析问题	引发听众好奇心，突出原因的重要性	时间 → 地点 → 人物 → 经过 → 结果 → 原因	演讲比赛紧张忘词，调整心态后流畅演讲
SCQA 结构	举例、讲故事、推荐产品等	引导听众思考，展示解决方案	情境 → 冲突 → 问题 → 答案	感到疲惫，调整作息和学习放松方法

好了，接下来开始我们的小练习。因为本章内容非常重要，所以小练习的数量有点多，但是相信你一定都能够顺利完成，取得进步哦！

练习一 对钩模型案例分析。

案例：

几个月前，公司决定开发一款新的手机应用，我被任命为项目负责人。项目初期，一切进展顺利，团队成员都充满干劲，对产品的未来充满期待。

请根据对钩模型，完善这个案例。

晴天霹雳：项目进行到一半时，我们遇到了哪些困难或挑战？

洪荒之力：我们如何克服这些困难或挑战？采取了哪些行动？

晴空万里：最终，项目取得了怎样的成果？我们获得了哪些收获？

练习二 原因公式分析。

请将每个原因与相应的结论匹配。

原因:
1. 因为我在演讲前做了充分准备并在压力下保持冷静。
2. 因为我调整了作息时间并学习了放松方法。
3. 因为团队在市场变化中积极调整策略,并邀请专家提供建议。
4. 因为我坚持每天锻炼身体,增强体质。
5. 因为我们采纳了用户反馈,不断改进产品功能。

结论:
A. 我们的产品更受用户欢迎,市场份额稳步增长。
B. 我成功完成了演讲并获得了评委的一致好评。
C. 我们成功推出了符合市场需求的手机应用,获得了用户和公司的好评。
D. 我的精力状态得到了显著改善,工作更有效率。
E. 我的身体素质得到了提高,日常工作和生活更有活力。

练习三 制造悬念案例分析。

案例:

几个月前,我参加了一个重要的演讲比赛,这是我第一次站在那么多人面前演讲。

请根据制造悬念的原因公式,完善这个案例。

经过:在演讲过程中,我遇到了哪些困难或挑战?

结果:是成功了还是失败了?

原因:为什么最终我成功了或者失败了?

总结:通过这件事我想告诉大家什么?

第4天　会举例,增强表达说服力

练习四 SCQA 案例完善。

> 案例:
> 最近,我发现自己经常感到疲惫不堪,工作效率也下降了。
> 请根据 SCQA 结构,完善这个案例。
> 情境 S:我的工作和生活状态是什么?
> 冲突 C:给我带来什么困扰?
> 问题 Q:基于此,我想解决什么问题?
> 答案 A:我决定调整自己的作息时间,我该如何做?

练习五 根据 SCQA(情境、冲突、问题、答案)结构,对段落进行排序。

> 案例一:
> 1.我应该如何解决疲劳问题,提高工作效率?
> 2.最近,我发现自己工作效率下降,经常感到疲惫。
> 3.我决定调整作息时间,保证充足的睡眠,并学习放松技巧,显著提高工作效率。
> 4.由于每天工作到很晚,几乎没有时间休息,我的身心都感到疲惫。
>
> 案例二:
> 1.团队决定采用新的项目管理工具,这提高了我们的协作效率。
> 2.团队成员抱怨当前的项目管理工具不够直观,导致效率低下。
> 3.最近,公司启动了一个新的大型项目。

4. 我们该如何提高项目管理效率以支持新的工作量？

案例三：

1. 如何在紧张的预算下，继续提升团队的士气和生产力？

2. 公司决定调整预算，对多个部门进行了经费削减。

3. 经过团队的共同努力，我们通过更高效的工作流程成功保持了生产力。

4. 在预算削减的情况下，团队感到压力倍增，士气低落。

参考答案：

练习一

晴天霹雳：在产品开发过程中，我们发现市场需求发生了变化，我们的产品定位必须马上调整。

洪荒之力：我们迅速召开团队会议，分析市场变化，调整产品功能，并加强市场调研，以确保产品符合用户需求。同时，我们也积极寻求外部专家的帮助，优化产品设计和技术方案。

晴空万里：最终，我们成功推出了符合市场需求的手机应用，并获得了用户和公司的一致好评。这次经历让我们团队更加团结，也积累了宝贵的项目经验。

练习二

1-B 2-D 3-C 4-E 5-A

练习三

经过：演讲比赛在学校的礼堂举行，现场气氛紧张而热烈，全场席座无虚席。

当我走上讲台，看到台下的观众，我突然感到非常紧张，大脑一片空白，忘记了要说什么。

我深呼吸，调整心态，告诉自己这是展示自己的机会，不要害怕。然后，我开始回想自己准备的内容，慢慢地，我找到了状态，开始流畅地演讲。

结果：最终，我取得了成功。

原因：我之前做了充分的准备，并且拥有克服困难的勇气和决心。

总结：台前认真准备，台上相信自己！

练习四

情境（S）：我每天工作到很晚，回到家还要处理一些家务，几乎没有时间休息。

冲突（C）：由于缺乏休息，我感到身心俱疲，工作效率也下降了。

问题（Q）：我应该如何解决疲劳问题，提高工作效率？

答案（A）：我决定调整自己的作息时间，保证充足的睡眠；同时，我也开始学习一些放松身心的方法，例如冥想和瑜伽。

练习五

案例一：2413　案例二：3241　案例三：2413

呈现优化

第 **5** 天

人生如戏，全靠"演"技

- 了解表达三要素及其相应占比
- 学习正确的呼吸方式
- 在正确呼吸方式下进行气息的训练
- 训练不同场景下的语气和语调
- 训练不同场景下不同阶段的肢体动作
- 表达失误的应急处理

除了内容搭建,我们的表达很大程度上也受到语气和语调、肢体动作等呈现方面的影响。本章将帮助大家认识呈现部分的基本构成和对应的训练方法,并结合不同的表达场景做对应的训练。

5.1 让表达像呼吸一样自然:表达气息的使用

丫丫老师:"张俊,恭喜你!你已经顺利完成了前4天的学习,相信你的公众表达技巧已经有所提升。"

张俊开心地回应道:"谢谢丫丫老师,我也觉得自己在内容组织方面有很大的提升。"

"我有个问题要考考你,"丫丫老师一脸神秘,"你觉得我们平时在表达的过程中,除了有输出的内容,还能感觉到什么?"

"我想想……"张俊眼睛转了转,"就拿我们现在正在交流的场景来说,我除了能听到您说的话,还能感受到您说话的语气。"

"很好!那除了语气呢?还有其他的吗?"丫丫老师进一步追问。

"嗯……还有表情!"

"不错!"丫丫老师点点头,"其实表情就是我们说的肢体动作的一部分。我们的表达主要由**内容**、**语气和语调**、**肢体动作**这三方面共同组成。"

张俊点点头。

"我再问问你,如果上述三方面加起来是100%,你觉得它们分别占比多少?"丫丫老师继续问道。

"这个嘛……"张俊托着下巴,仔细琢磨着。他感觉内容肯定是最重要的,因为如果没有内容,就什么都没有了,所以这个部分应该占比50%。语气和语调,这个好像也比较重要,因为运用不同的语气和语调来表达给人的感觉是有差异的,应占30%,不,再高一点,占40%。至于剩下的10%就留给肢体动作了。这么想着,他便把自己思考的结果告诉了丫丫老师。

没想到丫丫老师竟然笑了起来,说:"结果和你想的差别不小啊!"

"啊?"张俊感觉很惊讶。

"根据大量的统计发现,内容占比仅7%,语气和语调占比38%,肢体动作占比55%。"丫丫老师说道。

这和张俊预想的确实大相径庭,他原以为自己学会了怎么组织表达的内容就大功告成,看来自己还是有很多需要学习的地方。

"说起语气和语调,我们就必须提到气息的运用。"丫丫老师说。

张俊:"气息运用?这和表达有什么关系?"

丫丫老师:"气息是声音的根基,就像汽车的发动机一样,没有发动机,汽车就无法行驶;没有气息,声音就无法传递。而且,气息运用得当,还能让你的表达更有力量、更有感染力。"

5.1.1 呼吸方式

丫丫老师微笑着问:"张俊,你知道在进行公众表达时,为什么有些人声音听起来更有力量、更稳定吗?"

张俊略带疑惑地回答:"嗯,是不是因为他们用的呼吸方式不同呢?"

丫丫老师点头肯定地说:"没错!你提到的呼吸方式,其实就包括腹式呼吸和胸式呼吸。"

接下来,丫丫老师为张俊介绍起了不同的呼吸方式。

呼吸是气息运用的基础,而呼吸方式又分为两种:

(1)胸式呼吸

这是我们日常生活中最常见的呼吸方式,主要依靠胸部肌肉的运动。例如,肩胛骨的收缩和扩张。当我们吸气时,胸部会向外扩张;当我们呼气时,胸部会向内收缩。胸式呼吸的优点是方便快捷,但缺点是气息短、浅,无法支撑长时间的讲话,而且容易导致声音尖细、缺乏力度。

(2)腹式呼吸

这是一种更深入的呼吸方式,主要依靠腹部肌肉的运动。例如,膈肌的收缩和扩张。当我们吸气时,腹部会向外膨胀;当我们呼气时,腹部会向内收缩。腹式呼吸的优点是气息饱满,可以支撑长时间的讲话,而且可以让声音更加浑厚、有力。

"为什么腹式呼吸会比胸式呼吸更适合公众表达呢?"张俊问。

丫丫老师开始解释:"首先,腹式呼吸能帮助我们更好地控制气流。你看,当我们用腹部肌肉呼吸时,力量更强,因而更容易控制呼吸的节奏和强度。"

张俊若有所思地点头:"原来是这样。"

丫丫老师继续说:"这就对了。而且,腹式呼吸还能增加肺活量。这意味着你可以吸入更多的空气,为你的表达提供更持久的气息支持。"

张俊眼睛一亮:"哇,这样我在公众场合讲话时,就能更连贯,不会因为换气而中断。"

丫丫老师微笑着补充:"完全正确。还有,腹式呼吸能够给你的上半身,包括胸腔和喉咙提供更好的支撑。这样,你的声音就会更加稳定。"

张俊以前从来没有注意过这些,他发现自己说一段时间的话,就觉得嗓子很累,于是问道:"我明白了,所以腹式呼吸可以减少声音的波动。"

丫丫老师肯定地说:"是的。而且你知道吗?腹式呼吸还能减少喉咙的压力,不像胸式呼吸那样容易让喉咙紧张。"

张俊恍然大悟:"啊,难怪有时候我在公众场合讲话时说多了喉咙就会痛。"

丫丫老师点点头:"对。最后,腹式呼吸还能让你的声音更加丰富和有层次感。这对于公众表达时的感染力来说非常重要。"

张俊显得有些兴奋,他下定决心地说:"太棒了,丫丫老师,我以后一定要多练习腹式呼吸,提高我的公众表达能力。"

丫丫老师鼓励地看着他:"腹式呼吸不仅仅对公众表达有用,对日常沟通也很有帮助。让我们一起练习,让你的表达更加有力和自信吧!"

下面,让我们跟随丫丫老师和张俊一起开始腹式呼吸的练习吧!

①放松练习。腹式呼吸需要放松,才能达到更好的呼吸效果哦。

a. 环境设置:找一个安静的地方,坐下或躺下。想象自己在一个安静的房间里,四周的墙壁是淡蓝色或浅绿色,给你一种宁静的感觉。一束柔和的光线从天花板上洒下，照亮了整个房间，让你感到安心。

b. 身体放松：闭上眼睛，从脚趾开始，逐渐向上放松身体的每一个部分。想象每一块肌肉都像融化的黄油一样，变得柔软和放松。你的腿部、腹部、胸部、手臂、肩膀，直到颈部和脸部，都逐一放松，就像是一股暖流经过，带走所有的紧张和压力。

c. 深呼吸与想象：深呼吸时，想象气息像一条清澈的小溪，从你的鼻孔流入，流经喉咙，最后到达肺部和腹部。呼气时，想象这条小溪反向流动，将体内的废气带出体外。

②腹式呼吸练习。

a. 手的位置：在脑海中形成一个画面，将一只手放在腹部，就像是在轻抚一片柔软的羽毛。另一只手放在胸部，感受心跳的节奏。

b. 呼吸过程：吸气时，想象你的腹部像气球一样慢慢膨胀，手能感觉到腹部的上升；呼气时，想象气球慢慢放气，腹部下沉，手随着腹部的下降而移动。

c. 节奏控制：想象有一个节拍器在你的脑海中滴答作响，每个吸气与呼气都与节拍器的节奏同步。随着练习的深入，你可以想象节拍器的节奏逐渐放慢，帮助你延长吸气和呼气的时间。

d. 练习时长：设想一个沙漏，它的沙子缓缓流下，代表着你练习的10~15分钟。每次练习，都是一次沙漏的翻转，象征着时间的流逝和你对腹式呼吸的掌握。

最后丫丫老师总结道："通过这些练习，你可以更加直观地理解和实践腹式呼吸，使其成为公众表达的有力工具。同时也让我们的身心在巨大压力下得到更好的舒缓,从而调节内在状态。"

5.1.2 气息练习

掌握了正确的呼吸方式后,丫丫老师又补充道:"同时,我们还需要进行一些气息练习,才能更好地控制气息,让声音更加悦耳动听。"

具体怎么做呢?丫丫老师又为张俊介绍了以下的一些方法,不妨一起来试试吧!

(1)气息控制

①专注到呼吸上。

a. 吹气球:深吸一口气,然后慢慢吹气球,直到气球鼓起来。这个练习可以锻炼你的肺活量,让你的气息更加饱满。

b. 哼唱练习:深吸一口气,然后哼唱一首歌,直到你无法再继续。这个练习可以锻炼你的气息运用能力,让你的声音更加悦耳。

c. 观想法:想象你的气息像一条丝带,从腹部升起,经过喉咙,最终从口腔流出。你可以想象这条丝带的形状、颜色和质感,这样可以帮助你更好地感受气息的流动。

②控制呼吸节奏。

a. 均匀呼吸法:尝试保持呼吸均匀,不要呼吸过快或过慢。

b. 数数练习:深吸一口气,然后从1开始数数,数10个数,再慢慢呼气,再数10个数。这样可以帮助你集中注意力,专注于呼吸,也可以锻炼你的气息控制能力。

c. 适当运动:如跑步可以帮助我们控制呼吸节奏。你可以尝试每天进行跑步练习,同时专注于呼吸,感受呼吸节奏的变化。

d. 唱歌：唱歌可以帮助我们控制呼吸节奏。你可以尝试学习唱歌，同时专注于呼吸，感受呼吸节奏的变化。

③保持身体放松。

a. 肌肉放松法：深吸一口气，然后慢慢呼气，同时放松身体各个部位的肌肉，如头部、颈部、肩膀、背部、腹部、腿部等。

b. 渐进式肌肉放松法：从头部开始，逐一放松身体各个部位的肌肉，直到全身放松。

c. 洗热水澡：洗热水澡可以帮助我们放松身体，缓解疲劳。你可以尝试每天睡前洗个热水澡，同时专注于呼吸，感受身体的放松。

d. 按摩：你可以尝试进行按摩，放松身体，避免肌肉紧张。

（2）气息运用

掌握了正确的呼吸方式和气息练习后，我们还需要学习一些气息运用技巧，才能让表达更有力量、更有感染力。

①气息下沉：在讲话时，将气息下沉到腹部，让声音从腹部发出，这样可以让声音更加浑厚、有力。

②气息支撑：在讲话时，始终用气息支撑你的声音，这样可以让声音更加稳定、清晰。

③气息变化：根据表达内容的需要，调整气息的强弱和节奏。例如，在表达激动或愤怒的情绪时，气息可以更强、节奏可以更快；在表达平静或悲伤的情绪时，气息可以更弱、节奏可以更慢。

（3）具体场景使用说明

①**演讲**：在演讲时，如果你想自信表达和展现激情，就需要运用饱满的气息，让声音洪亮有力；如果你想要表达悲伤或无奈，

就需要运用轻柔的气息，让声音低沉缓慢。

②**朗诵**：在朗诵诗歌或散文时，要根据诗歌或散文的节奏和情感，调整气息的强弱和节奏。例如，在朗诵激情澎湃的诗句时，气息可以更强、节奏可以更快；在朗诵抒情的诗句时，气息可以更弱、节奏可以更慢。

③**歌唱**：在歌唱时，要根据歌曲的风格和情感，调整气息的强弱和节奏。例如，在演唱高音时，气息要更强；在演唱低音时，气息要更弱。

5.2 让表达像唱歌一样悦耳：表达的语气和语调

丫丫老师："掌握了气息的基本使用技巧，那么我们就要在语气和语调中灵活运用了。"

张俊："好的。具体怎么练习呢？"

丫丫老师回答道："下面给你提供几个不同场景对应的语气和语调练习方法供你参考。"

张俊点点头："好！"

接下来丫丫老师分享了不同场景的语气和语调练习方法。

场景一：开场白

练习方法：选择一段开场白，练习时想象自己正面对着一群热情的听众。尝试用充满能量的声音开场，确保你的音量足够大、语速适中，让听众感受到你的热情。

声音投射：站在房间的一角，尝试用声音填满整个空间。可以练习一些开场白的句子,如:"大家好,非常高兴今天有机会与大家分享……"

场景二:讲述故事

练习方法:挑选一个故事,标出高潮、转折和结局。为每个部分设定不同的语气和语调,如在高潮时提高音量,在转折时放慢语速。

节奏变化:用不同的节奏讲述故事,比如在紧张的部分加快语速,在描述细节的部分放慢语速,让听众的情绪跟随你的叙述起伏。

场景三:阐述观点

练习方法:挑选一段阐述观点的文字,练习时注意每个关键词的腔调。可以在关键词上提高音量或加重语气,使其更加突出。

逻辑连贯:练习使用递进、转折等体现逻辑关系的词语,如"不仅……而且……""虽然……但是……",在这些词语上适当停顿或变化语调,以增强说服力。

场景四:提问环节

练习方法:模拟提问环节,练习用升调结束问题,表现出期待回答的态度。例如:"您对这个问题有什么看法吗?"

清晰表达:确保每个问题都表达清晰,可以在关键信息上稍作停顿。例如:"您能分享一下,在项目中最让您印象深刻的经历是什么吗?"

场景五:结尾

练习方法:练习结尾时,对演讲的主要内容进行总结,并在关键点上加强语气,让听众记住你的主要观点。

激励号召:如果结尾是号召行动,练习时可以逐渐提高音量和语速,创造一种激动人心的氛围。例如:"让我们一起行动,为了更美好的明天而努力！"

丫丫老师总结道："在每个场景的练习过程中，可以邀请朋友或同事作为听众，让他们提供反馈，帮助你更好地调整与改进语气和语调。此外，录制自己的练习视频或音频，回放时进行自我评估，也是提高的好方法。"

张俊："丫丫老师，谢谢您给我提供了这么多具体的练习方法。但是，我有一个顾虑，如果我按照这些方法去练习，比如在开场时特别提高音量，或者在讲述故事时大幅度变化语速和音量，会不会显得有点太夸张了？我担心这样会让听众觉得不自然或者不舒服。"

丫丫老师说道：你的顾虑很正常。确实，演讲中语气和语调的控制需要适度，过犹不及。我们的目标是让语气和语调服务于演讲内容，增强表达效果，而不是让它们分散听众的注意力。

在练习时，你确实需要尝试不同的表达方式，这有助于你找到适合自己的风格。咱们可以做到以下这几个原则：

①适度原则。在练习时，你可以尝试夸张一些，以便更好地掌握技巧。但在实际演讲中，要根据内容和听众的反应来调整，保持适度。

②自然流畅。尽量保持自然，不要刻意去改变你的声音。语气和语调的变化应该是自然地流露，而不是刻意地表演。

③情境适应。不同的场合和听众群体可能需要不同的演讲风格。例如，在正式的商务场合，你可能需要更加稳重和专业的语气，而在较为轻松的社交场合，可以稍微放松一些。

我们可以给不同场合的语气和语调的激烈程度大致打个分，满分是 10 分。请注意，这些打分是基于一般情况的估计，实际中可能会根据演讲者的风格、听众的期待和场合的具体要求适度调整哦,我们可以一起来看看,如表5-1所示。

表 5-1 不同场景语气和语调评分

场合	激烈程度	说明
婚礼致辞	5分	温馨、祝福的语气,语调温和
学术报告	3分	专业性和客观性,语气平缓、稳定
产品发布会	6分	热情和兴奋,吸引听众
学校集会演讲	5分	正面、鼓励,不需要过于激烈
悼念会致辞	2分	尊重和哀悼的语气,低沉、平静
励志演讲	7分	鼓舞人心,激昂语气
公司年会演讲	6分	热情、幽默,轻松语调,激励员工
抗议集会演讲	9分	非常激烈,表达不满和诉求
教学讲座	4分	清晰、有说服力,语调适中

张俊:"这么一看形象多了,我大致就有个概念了。"

丫丫老师好奇地问:"你给自己平时说话打几分?"

张俊想了想,说:"还是要看具体场合,不过我整体表达语气和语调都比较平淡,我感觉应该只有1~2分。"

丫丫老师说:"我们的训练是基于自己原来的语调情况,如果你平时比较平淡,分数低于大多数公众表达场合,那么就需要整体做一下提升,让自己的语气和语调适当有一些变化了。当然,我们也不能一味地让自己的语气和语调夸张,而要在对的场合用合适的语气。"

张俊回答道:"好的,看来每次要根据具体的场景,先判断对应发言场合的语气和语调分值,再大致估计自己的语气和语调分值,看看应该往增加分数上调整还是往减少分数上调整。"

丫丫老师点点头,表示赞同:"是的,没有正确的语气和语调,只有适合的场景,所以我们要随时根据场景调整语气和语调。"

5.3 让表达像舞蹈一样优美:表达的肢体动作及台风

在了解了语气和语调的一些训练方式后,张俊又和丫丫老师开始交流关于肢体动作的训练。这里面最让张俊感到头疼的就是眼神了,公众表达的过程中,一旦要和他人对视,他的眼睛就情不自禁地躲闪。这很容易给人一种唯唯诺诺的感觉。为此,张俊感到头疼不已。

5.3.1 眼神

丫丫老师:"要说肢体动作的话,眼神是一个很重要的方面。如果在台上我们的眼神游离,或者低头一直看地上,都容易给人一种紧张、不自信的感觉。"

张俊:"我以前一紧张就喜欢看地上,不敢和他人对视。不能看地上,又不敢看人,那我应该怎么做呢?"

丫丫老师:"别担心,下面我根据演讲的不同阶段给你一些眼神上的建议。"说着,她开始在白板上写起了如下内容:

开场、主体内容、强调重点、互动环节、答疑、感谢。

这几个地方都会涉及眼神的运用。

(1)开场

在开场时,用几秒钟的时间扫视全场,这样可以与更多的听众建立初步的联系。如果因为害怕不敢看听众,在开场时就不要强求让自己一定要看听众,扫视一圈即可。

但要注意稳定目光。在介绍自己或演讲主题时,可以选择几个视线落脚点,在每个点上停留几秒钟,与那些区域的听众进行眼神交流。如果实在不敢看听众的眼睛,可以尝试看看他们眼睛略上方的额头处。另外,如果不小心发现某听众情绪不太好,不要动不动就认为是自己表达出现了问题,很有可能是这个听众本身的缘故。比如,他想上厕所,或手机收到了重要消息等。不要因为个别听众的表情不佳就影响了自己的表达状态。

"哦,我懂了。**不能因为听众的表情不好就影响状态,但是可以根据听众的反馈做内容的优化迭代!**"张俊补充道。

"你说得很对!**口才表达这件事,我们复盘的时候就事论事,不要上升到对自己的人身攻击。**"丫丫老师点点头,张俊果然是个非常聪明的学员。说罢,丫丫老师又继续往下讲表达的中间部分。

(2)主体内容

"接下来,再说说演讲的**主体内容**部分,最好轮流在房间不同的区域进行眼神交流,这样才能确保覆盖到前、中、后排的听众。"

张俊皱了皱眉头,有些疑惑地说:"丫丫老师,这听起来挺难的,我一边讲内容,一边还得想着眼神交流,这怎么实操啊?"

丫丫老师轻轻点头,解释道:"哈哈,这是个好问题。你可以这样做,先练习你的演讲稿,直到你非常熟悉。然后,你可以模拟演讲场景,把几个朋友或者椅子当作不同区域的听众。你对着他们练习,每次看向一个区域前可以先想好接下来的几句台词,这样就不会打断你的思路了。"

(3)强调重点

张俊若有所思地点点头,说道:"哦,我明白了。那在**强调重点**的时候,我该怎么做呢?"

丫丫老师回答道:"强调重点的时候,你可以有意识地看向听众。比如,每当你准备强调一个关键点,你就提前想好,这个点说完后看哪个区域的听众。这样,你的眼神就能帮你强化信息了。"

(4)互动环节

张俊有些担忧,说:"如果我在**互动环节**直接与听众进行眼神交流,但没人响应,怎么办呢?"

丫丫老师轻松地摆了摆手,回答:"这个情况也很常见。如果你直接看向听众,他们没反应,你可以微笑着点点头,然后稍微等待一下。如果还是没人响应,你可以降低问题的难度,或者用更开放的问题来鼓励大家。"

(5)答疑

张俊接着问:"好的。那在**答疑**部分,我该怎么用眼神表示我在认真听呢?"

丫丫老师示范道:"当你听问题的时候,眼神要专注,可以微微点头,表示你在听并且理解他们的问题。但是要注意,不要一直盯着提问的人,偶尔扫视一下其他听众,这样大家会觉得你在关注所有人。"

张俊点头表示理解,然后问:"丫丫老师,结尾部分的总结我该怎么做呢?怎么用眼神来强化我的总结?"

丫丫老师眼神中闪过一丝认真,回答道:"总结的时候,你的眼神要坚定，可以慢慢地看向不同的听众，每看一个方向就强调一下你总结的要点。这样，你的眼神就不仅仅是在看，而是在传达你的结论和诚意。"

（6）感谢

张俊好奇地问："那最后**感谢**的眼神怎么练习呢？"

丫丫老师微笑着，眼神中充满了鼓励，说："感谢的眼神，你可以对着镜子练习。试着用眼神表达你的感激之情，同时保持微笑。你可以想象全场听众都在你的眼前，慢慢地环视，让每个人都能感受到你的谢意。其实说了这么多，我们不用去记忆这么多，理解一下就可以了。只要在台上自信大方，眼神有一定的交流感就可以啦。记得，要自然哦，不要太过夸张了。"

张俊边听边做着笔记，说道："谢谢丫丫老师，您给出的具体建议让我对如何在演讲的不同阶段运用眼神有了更清晰的认识。不过还是要多练练，先从敢于和他人对视开始。"

"也许你可以先从身边的人开始，练习和他人对视，10秒、20秒、30秒……渐渐地你会发现和他人对视也不是一件多么困难的事情。"丫丫老师笑着说。

5.3.2 手势

在进行了一上午关于眼神的练习之后，张俊又提出了新的问题："丫丫老师，手势这块儿怎么做呢？我总感觉自己的双手无处安放。"

丫丫老师："手势是演讲中非常重要的非语言沟通工具，自然大方为主。我们还是分成不同的阶段来说。"

"好的。"张俊点头。

(1)开场

丫丫老师站在台前,双臂略微张开,不夹大臂,手掌向上,微笑着说:"大家好,我是丫丫老师,今天我要和大家分享的主题是……"

张俊看着丫丫老师,模仿着她的动作,问道:"这样的手势真的能传达出友好和开放性吗?"

丫丫老师点头,保持手势,回答:"当然,这样的开放式手势可以让听众感受到你的亲切和诚意,而且还有一种主人翁的感觉。对于台下听众来说,也会有一种欢迎回家的亲切感,我们作为演讲者也不容易感到紧张。"

张俊马上试了试,确实在台上把自己伸展开,会显得自己落落大方,听众看起来也不会觉得自己局促和紧张。

(2)中间部分

丫丫老师笑着说:"现在,让我们来看看演讲的几个主要部分。"接着,她开始讲述关键信息,握紧拳头,语气坚定地说:"这一点非常重要,我们需要特别注意。"

张俊眼睛一亮,问:"丫丫老师,这样的强调手势怎么用才不会显得太生硬?"

丫丫老师放松手势,解释道:"在强调时,手势要和你的语言同步,力度适中,不要太过用力。"

(3)互动环节

丫丫老师面向听众,手臂向外伸展,热情地说:"现在,我想邀请几位朋友来分享一下你们的看法。"

张俊试着做出邀请手势，疑惑地问："如果没人响应，我该怎么做？"

丫丫老师微笑着，轻轻摇了摇头，说："如果没人响应，你可以保持微笑，耐心等待，或者再次用邀请手势鼓励他们。"

(4) 答疑部分

丫丫老师指向一位举手提问的听众，说："那位朋友，你有什么问题？"

张俊跟着做了个指向的手势，问："这样指会不会显得不礼貌？"

丫丫老师调整了手势，温柔地说："确实要小心，指向时用**整个手掌**，这样更得体。不要用食指直接指人。"

(5) 结尾部分

丫丫老师一只手的手心向上抬起，语气平和地说："今天我们讨论了这几个关键点，希望对大家有帮助。"

张俊模仿着总结手势，问："这样好像和开头的手势呼应了。"

丫丫老师点头，手掌向下平放，解释道："是的，总结手势能够帮助听众梳理信息，但要确保手势和你的语言、表情相匹配，这样更能增强演讲效果。"

不过，丫丫老师又补充道："在整个演讲过程中，手势的使用应该是自然而然的，不需要过度强调。数字手势只是其中的一部分，它们应该与你的语言和表情相匹配，以此来增强演讲的效果。要特别注意不要出现以下两种错误手势。一种是**无意识的小动作**，比如揪衣服、扯头发、抓工牌的挂绳。我曾经见到有学员边讲话边揪自己的毛衣，讲话期间硬生生揪出了 3 个小毛线团。"

"哈哈哈……"张俊笑得控制不住肩膀的抖动。但是笑完了以后他陷入一阵沉默,心想自己不会也是那个有小动作的人吧?很有可能自己以前在台上做了小动作却不知道。

"另一种错误手势是手一直插在口袋里,有些男士感觉自己这样特别帅气,其实在台上这样会显得很不专业。"丫丫老师继续说。

看来是骡子是马还得遛遛,张俊心想,一会儿只有自己练习一番让丫丫老师看看才知道符不符合要求。

"除了老师反馈给你意见,回家可以尝试演练一下,用视频录制下来回看一下,就知道有没有问题了。"丫丫老师像看穿了张俊的心思一样,一语点破。

5.3.3 走位

张俊:"丫丫老师,走位也是个让人困惑的问题,我到底在台上要不要走呢?怎么走呢?"

丫丫老师:"舞台上的走动是一门艺术,合理走动可以增强你的气场和演讲效果。下面我给你讲解一下走动的方式和位置边界等。"

(1)走位准备

注意舞台布局:在走动前,了解舞台的布局,包括任何可能的障碍物,如讲台、投影仪、电缆等。确保你的走动路线安全,避免发生意外。

(2)走动方式

自然流畅:在舞台上走动时,要自然流畅,比如,每一步的步幅大约是你身体宽度的 1.5 倍，这样不会显得拘谨。

节奏感：走动时要有节奏感，与你的演讲内容相匹配。在强调重点时，可以放慢脚步，比如每秒走一步，增加力度。

转身技巧：在需要转身时，要尽量自然，避免突然的动作让观众感到不适。转身时可以以自己为中心，旋转大约 90 度。

（3）走动位置边界

中心区域：在开场和结尾时，可以站在舞台的中间 1/3 区域，这样能更好地与所有观众建立联系。

两侧走动：在演讲过程中，可以适当在舞台两侧走动，但不要超过舞台宽度的左右 1/3 处，以免离中心区域太远，失去与观众的互动。

深度限制：走动时要注意舞台的深度，一般保持在舞台前 2/3 的区域内，不要走到舞台最里面，避免让观众感觉你即将离开舞台。

（4）走动时机

过渡环节：在演讲的不同过渡环节，可以利用走动来吸引观众的注意力。比如，每完成一个主要观点的阐述后，可以走动到新的位置。

强调重点：在强调关键信息时，可以走到舞台的不同位置。比如，从中心向左或向右移动大约两米，让不同区域的观众都能感受到你的气场。

（5）注意事项

避免频繁走动：比如，每次走动至少要保持 5~10 秒的静态演讲，以免让观众感到眼花缭乱。同时，不要背台。

保持稳定：在走动过程中，要保持身体稳定，每一步的距离尽量均匀,不要摇晃或颠簸。

眼神交流:走动时,要与观众保持眼神交流,至少每隔3~5秒与不同区域的观众进行眼神接触,让他们感受到你的关注。

"在整个演讲过程中,走动的目的是更好地与观众互动,增强演讲效果。要注意走动与演讲内容的紧密结合,让走动成为你演讲的助力,而不是分散观众注意力的因素。遵循以上原则,你会在舞台上更加自信地走动哦。"丫丫老师示范完毕后,便在张俊对面坐了下来。

"感觉信息量还是挺大的,我感觉我在台上可能会顾此失彼。"张俊叹了一口气,发现自己学的东西越多,要注意的点就越多,做不到的可能性就越大。

"在练习方面可以一点一点练习,同时这些都属于技能,回忆一下你刚学习开车的时候是不是也有一种顾此失彼的感觉?"丫丫老师问。

"是的。"张俊回忆起来自己刚在驾校学车的时候,手上考虑方向盘,眼睛考虑看前方、后视镜,脚上还要考虑离合、刹车,耳旁还要听教练的各种指令。但是后来不也学会了吗?现在自己已经是一名老司机了,开车的时候不需要再想这些操作细节,甚至还能一边和身边的朋友聊天。

"其实,我们学习演讲就和学习开车是一样的,一点一点练习,其实花不了多长时间就能掌握,甚至比去驾校参加驾照考试还要简单。因为驾照考试一旦出错了就会扣分甚至要重新考试。"丫丫老师说,"但是演讲的呈现是一个过程,不会因为一两个动作呈现不到位就不合格。而且你可以通过训练让自己的动作更好地为公众表达助力。"张俊仿佛松了一口气,说道:"而且这些技能训练好了以后也可以像开车一样自然，到时候自然就有更多精力关注听众现场的即时反应了。"

"是的。"丫丫老师和张俊相视一笑。

5.4 应对失误的策略与训练

又一次站在客户面前，张俊开始滔滔不绝地讲解项目方案。一切看起来都很顺利，他的话像流水一样，PPT上的要点也一个接一个地亮出来。正讲到项目的重头戏——第二步"市场调研与数据分析"时，张俊突然发现自己忘记把数据放在PPT上，原本计划的那一页现在是一片空白。这一瞬间，就像是有人猛地按下了暂停键，他的大脑瞬间空白一片。张俊的心猛地提到了嗓子眼，额头上的汗珠开始不安分地往外冒。他愣了几秒，嘴巴张了张，却发不出声音。心里那个急啊，就像是考试时突然忘了公式，干瞪眼。他想：完了，这可咋整，客户都在下面看着呢，不会以为我是个骗子吧。张俊赶紧偷偷瞥了一眼PPT，但是要说的东西并没有在上面。张俊心里那个慌啊，就像热锅上的蚂蚁，团团转。但他知道自己不能就这么认栽，得想办法圆过去。他清了清嗓子，试着用一些大概的词儿先应付着，比如说"这个数据分析嘛，非常关键，能帮助我们更好地理解市场动态"。但连他自己都觉得这话太空洞，客户肯定听得出来他在糊弄。

会议结束后，张俊找到了丫丫老师，想讨教一下，要是下次再忘词，怎么才能不那么尴尬地应对过去。

丫丫老师听完张俊的诉苦，笑着说："其实就现场来看，你已经做得不错了。"顿了顿，她又说道："我们花了很多时间在练习口才表达，或者准备口才表达这件事，但或许并没有花足够的时间来练习如何应对这种意外和失误的情况。毕竟，在台上出现一些小意外是很常见的事，如果没有针对这些小意外加以练习，很有可能让我们之前的准备功亏一篑。"

"是的。这点我深有感触。"张俊点点头。

那应该如何做呢？接下来，丫丫老师分享了一些应对失误的策略和方法。

5.4.1 设备失灵

"首先是设备方面的意外。"丫丫老师说道，"比如，PPT卡住了，电脑出问题无法开机了，麦克风没有声音等。"

张俊回忆起之前有一次在外地出差给客户讲方案，好巧不巧，那天自己的电脑就出了问题，无法开机。距离方案开讲还有10分钟，给张俊急出一头冷汗。好在他还可以用会议室里面自带的电脑，而且张俊在网盘里正好存了一份方案PPT，所以他很快把网盘里的方案下载下来，从而化险为夷。

至于麦克风没有声音，这个在分享的时候很常见。最直接的做法就是深吸一口气，把音量放大，同时提醒相关工作人员及时检修，或者及时更换电池。

对于张俊来说最棘手的就是讲到一半PPT卡住。就算让相关人员帮忙调试，也会耽误一些时间。这不确定的调试时间，把听众放到一边又让人尴尬。但如果自由发挥往下讲，没有了PPT的辅助，又担心自己讲不好或者讲错。应该怎么办呢？好在丫丫老师给出了解决办法。

"PPT提供的内容其实不外乎两种。"丫丫老师说,"这也是我们前面在AGC模型里面说过的。"

"观点和事实?"张俊问道。

"是的,"丫丫老师点点头,"所以我们要看PPT卡住的时候是讲到了这两个当中的哪一个。"

"如果是讲到观点,这时候PPT卡住了,那么我们就需要展开讲一些事实来作为观点的支撑。你觉得这里面容易不借助PPT辅助的事实是什么?"丫丫老师问。

张俊想了想,他还记得基础表达结构AGC模型中,素材G的构成有数字和事例。数字如果比较多,大部分体现在PPT上,是不容易记住的。而事例一定程度上可以不借助PPT,靠自己口述也能让听众理解,所以这种情况下讲事例难度要低一些。

"事例。"张俊回答道。

"很好,不过由于PPT卡住,我们可以再强调一遍观点,把听众注意力聚焦一下,再用事例做补充。"丫丫老师补充道,"不过具体情况还是要根据当时的情况来灵活应对。"

"我可不可以这样理解,事实主要有事例和数字两种,如果是事例,就继续讲,或者拓展讲其他事例;如果是数字,在不记得的情况下,可以暂时跳过,重点讲事例,对吧?"张俊问道。

"是的。"丫丫老师点点头,"在PPT卡住的情形下,事例是我们优先选择的内容。因为对于演讲者来说容易记住,对于听众来说也容易听进去。如果没有记清数据,说错了数据,明显不太好。"

"而且我感觉讲事例花费的时间也相对长一点,有更多时间可以等待PPT恢复。"张俊笑着说。

5.4.2 错词忘词

"其次是错词忘词的问题。"丫丫老师说,"这个情况其实在我们口才表达上很常见。错词,就是讲错了话。有些是因为口误,有些是因为对内容不熟悉,有些是因为语言习惯如方言口音或者缀语。下面我们一个一个来看。"

(1)口误

口误就是我们常说的"嘴瓢"。有一个笑话是说,一个人本来想问别人"我的眉毛凶不凶",结果说成了"我的胸毛美不美",这就是典型的口误。或者想说"交流沟通",一着急说成了"交通"。

这种情况下,不必着急,重新说一次你想表达的正确内容即可。

(2)对内容不熟悉

如果对分享的领域不是很熟悉,就很容易出现专业词语使用错误,或者出现表达不通顺的情况。比如,平时不怎么做饭的人,突然让他描述怎么做菜,他想说"把菜切成细丝",结果说成了"把菜切成细条",出现了表达不精准的情况,这其实就是对做菜不够熟悉导致的。再比如,与人讨论工作时,想说"这个项目的里程碑",结果说成了"这个项目的重点标记",就显得不够准确。

这个问题其实可以通过表达前做细致的准备,一定程度地减少因对内容不熟悉而导致的错词情况。当然,表达中偶尔出现一两处可能会让听众不太明确的词,其实并不影响听众对整体意思的理解。

(3)方言口音

方言口音比较重的演讲者,可能会影响听众的信息接收,就需要好好练习普通话了。练习的第一步是觉察，即觉察出哪些内容是说的方言。以前有个学员一直以为自己说的是标准普通话，因为他是领导，没有人指出他的普通话有任何问题，所以自己一直意识不到。直到后来我给他指出来对应的不标准发音，他才意识到自己的口音很重从而开始调整。

（4）缀语

有些人聊天特别喜欢加"然后"，比如"我今天起床，然后刷牙，然后吃早饭"，其实像"然后"这样的缀语有时候并不需要，它就像洗完衣服不拧干里面的水一样，徒有重量，但没有任何价值。可有些人就是习惯了这么说，尤其是紧张的时候。一时想不起词，甚至会比平时聊天时说更多的"然后"。类似的缀语还有"嗯""这个"等。

其实这种情况的解决方法就是，在觉察的基础上，每次让自己在想说类似缀语的情况下，用停顿替代说缀语。

"哦，我明白了，根据不同的情况还是要做一些相应的练习。"张俊说。

"是的。不过这些错词忘词的情况，有时难以做到防患于未然，需要我们练习的时候多加觉察，或者事后多进行复盘迭代训练。"丫丫老师补充道。

"另外，我感觉口才表达过程中面对这些错误时的正确心态也很重要。"张俊摸着下巴说道。

"是的，这也是我接下来想要提醒你的。"丫丫老师点点头，"对于一些无关紧要的错误，不要在内心过分放大错误。我们很多学员，稍微卡顿了一下，或者嘴上停了一下，就觉得：'完啦，我说错话了！'一旦有了这种想法，就不能继续把关注点放在内容本身，甚至可能会影响接下来的表达，从而形成恶性循环。"

"其实，很多听众压根不知道！"张俊立刻接过话，感慨地说。

"是的，所以对待一些口才表达错误，只要你不尴尬——"丫丫老师停顿了一下，等着张俊接下半句。

"——尴尬的就是别人。"张俊立刻接上。

"——就没有人尴尬！"丫丫老师笑着纠正了他的说法。说罢，两人都哈哈大笑起来。

5.5 AI赋能口才表达——30秒用AI协助呈现

表达的呈现主要依靠自身的练习，这一点AI无法替代。但"工欲善其事必先利其器"，AI可以辅助我们做好练习之前的一些准备工作。具体到语气和语调、肢体动作，AI可以根据我们的稿子内容，在遵循相应表达规律的情况下，为我们进行一些标注或提醒，帮助我们更有的放矢地进行相应训练打好基础。

我们以下面的这篇稿子为例。

尊敬的领导、亲爱的老师和同学们：

今天，我站在这里，满怀激情地与大家共同探讨一个永恒的主题——热爱祖国。

我们的祖国，拥有五千年的灿烂文明，是一幅波澜壮阔的历史长卷。在这片古老的土地上，无数先烈用鲜血和生命铸就了今天的和平与繁荣。作为新时代的青年，我们应当继承这份宝贵的遗产，将爱国之情深植于心。

热爱祖国，不仅是一句响亮的口号，更是一种责任和担当。在我们的日常生活中，无论是在校园里勤奋学习，还是在社会中努力工作，都是对祖国最真挚的回报。我们要将个人的梦想与国家的未来紧密相连，用实际行动为祖国的繁荣添砖加瓦。

在学习上，我们要孜孜不倦，掌握科学文化知识，为国家的创新发展贡献智慧。在工作中，我们要爱岗敬业，以工匠精神追求卓越，为社会的进步贡献力量。在精神上，我们要传承中华民族的优秀文化，弘扬民族精神，坚守社会主义核心价值观。

同学们，让我们携手并进，以青春之我创建青春之国家。让我们以满腔的热血和不懈的努力，共同书写中华民族伟大复兴的壮丽篇章。

最后，愿我们伟大的祖国繁荣昌盛，愿每一位中华儿女都能为祖国的明天而自豪！

谢谢大家！

（1）语气和语调

以下是语气和语调比较直观的标注内容。

【停顿】：在语句之间短暂地中断，用以强调或让听众有时间消化信息。

【连】：语句之间没有明显停顿，表达流畅和连续性。

【轻】：声音轻柔，通常用于表达细腻或柔和的情感。

【重】：声音加重，用以强调重要内容或强烈的情感。

【快】：说话速度加快，常用于表达激动、紧迫或兴奋的情绪。

【慢】：说话速度减慢，有助于强调重点或营造庄严、深思的氛围。

【高】：声音音调提高，通常表示兴奋、惊讶或强调。

【低】：声音音调降低，常用来表达严肃、沉痛或深思的情感。

请根据上下文，体会情感波动，以【停顿】【连】【轻】【重】【快】【慢】【高】【低】在原稿中进行标注，便于分析出语气和语调的变化。

尊敬的领导、亲爱的老师和同学们：【停顿】今天，我站在这里，【停顿】满怀激情地与大家共同探讨一个永恒的主题——【停顿】热爱祖国。【重】【高】

我们的祖国，拥有五千年的灿烂文明，是一幅波澜壮阔的历史长卷。【停顿】在这片古老的土地上，无数先烈用鲜血和生命铸就了今天的和平与繁荣。【重】【低】

作为新时代的青年，我们应当继承这份宝贵的遗产，将爱国之情深植于心。【停顿】【重】

热爱祖国，不仅是一句响亮的口号，更是一种责任和担当。【停顿】【重】在我们的日常生活中，【连】【快】无论是在校园里勤奋学习，还是在社会中努力工作……【停顿】【慢】为社会的进步贡献力量。【重】在精神上，我们要传承中华民族的优秀文化，弘扬民族精神，坚守社会主义核心价值观。【停顿】【重】【慢】

同学们，【停顿】让我们携手并进，以青春之我创建青春之国家。【连】【高】让我们以满腔的热血和不懈的努力，共同书写中华民族伟大复兴的壮丽篇章。【停顿】【重】【高】

最后，【停顿】愿我们伟大的祖国繁荣昌盛，【停顿】

愿每一位中华儿女都能为祖国的明天而自豪!【重】【高】

谢谢大家!【停顿】【低】

(2) 肢体动作

以下是肢体动作比较直观的标注内容。

【手势】：使用手部动作来强调或辅助语言表达，如指向、挥手、握拳等。

【走位】：在演讲过程中移动位置，以增加互动性或强调不同的演讲内容。

【眼神】：通过眼神接触与听众建立联系，或用来强调演讲中的关键点。

【表情】：面部表情的变化，用以传达情感和增强语言信息的表达。

【头部】：通过点头、摇头等头部动作来表示肯定、否定或其他情感。

请根据上下文，体会情感波动，以【手势】【走位】【眼神】【表情】【头部】在原稿中进行标注，便于分析出肢体动作的变化。

尊敬的领导、亲爱的老师和同学们：【头部】（微微点头致意）今天，我站在这里，【手势】（张开双臂，表示开放和欢迎）满怀激情地与大家共同探讨一个永恒的主题——【手势】（手指指向空中，强调"热爱祖国"）热爱祖国。【眼

神】（目光扫视全场，与听众建立联系）

我们的祖国，拥有五千年的灿烂文明，是一幅波澜壮阔的历史长卷。【手势】（双手摊开，表示广阔和壮观）在这片古老的土地上，【手势】（手心向下，轻轻按动，表示庄严）无数先烈用鲜血和生命铸就了今天的和平与繁荣。【眼神】（眼神坚定，表达敬意）作为新时代的青年，我们应当继承这份宝贵的遗产，将爱国之情深植于心。【手势】（拳头紧握，表示决心和力量）……弘扬民族精神，坚守社会主义核心价值观。【走位】（向前迈步，表示积极进取）

同学们，让我们携手并进，【手势】（伸出手臂，邀请大家一起行动）以青春之我创建青春之国家。让我们以满腔的热血和不懈的努力，共同书写中华民族伟大复兴的壮丽篇章。【表情】（面带微笑，眼神充满希望）

最后，【手势】（双手合十，表示祈愿）愿我们伟大的祖国繁荣昌盛，【手势】（手掌向上，表示期望和祝福）愿每一位中华儿女都能为祖国的明天而自豪！【眼神】（目光凝聚，表达深切的期望）

谢谢大家！【头部】（微微低头，表示谦虚）【手势】（双手合十，表示感谢）

正所谓"尽信书不如无书"，以上 AI 辅助的标注建议仅供参考，要根据具体的语境来分析、具体的演练来感受，收集听众真实反馈，才能让我们的呈现在相对真实的环境里取得显著提升。

第5天小练习——登台实操演练

好的公众口才表达需要实操,也许刚开始会觉得很不适应,但是多多实操,我们才有可能取得突破哦!下面我们就一起来练习吧!

在练习时,可以找一面镜子,也可以用手机录制下来方便回看。

请根据以下场景,进行登台的实操演练。当然,也可以结合你的实际登台场景进行演练哦。

场景一:你将进行一场关于环保的演讲,听众是中学生。

问题:你会如何调整你的语气和语调、肢体动作、眼神交流,以更好地与中学生听众沟通?

场景二:你将参加一场产品发布会,负责介绍一款新开发的智能手机。

问题:你会如何运用气息、语调和手势,以增强演讲的吸引力和说服力?

场景三:你将进行一场求职面试,需要在自我介绍环节展现自己的优势。

问题:你会如何运用眼神交流、肢体语言、语气和语调,以展现自信和专业性?

参考答案:

场景一:你将进行一场关于环保的演讲,听众是中学生。

语气和语调:使用生动活泼、富有感染力的语气。语速适中,避免过于严肃或平淡。可以适当加入一些幽默元素,吸引学生的注意力。

肢体动作：使用自然大方、充满活力的手势。例如，张开双臂表达对环保的热爱，用手指指向图片或图表进行说明等。

　　眼神交流：与不同区域的学生进行眼神交流，让他们感受到被关注和重视。可以用点头、微笑等方式回应学生的反应，鼓励他们积极参与。

　　场景二：你将参加一场产品发布会，负责介绍一款新开发的智能手机。

　　气息：保持气息饱满，声音洪亮有力，展现出对产品的自信和热情。

　　语调：使用抑扬顿挫的语调，突出产品的特点和优势，如在介绍新功能时提高音量，在描述产品性能时放慢语速。

　　手势：使用有力的手势，如用握拳表示产品的强大性能，用手指轻点屏幕表示操作的便捷性。

　　场景三：你将进行一场求职面试，需要在自我介绍环节展现自己的优势。

　　眼神交流：与面试官进行真诚的眼神交流，展现出自信和专业性。在讲述自己的经历和成就时，可以适当进行眼神接触，让对方感受到你的诚意。

　　肢体语言：保持良好的站姿或坐姿，避免耸肩、抖腿等不自信的动作。可以使用一些开放式的手势，如双手自然放在桌上，展现出你的自信和从容。

　　语气和语调：使用坚定有力、充满自信的语气，清晰地表达自己的优势和职业目标。在讲述自己的经历时，可以适当加入一些抑扬顿挫，增强表达效果。

第 6 天

掌握听众思维 让你事半功倍

- 用 WWH 原则抓住听众的核心关注点
- 用风险内容排查清单发掘风险点
- 利用听众视角 LOVE 模型进行内容迭代
- 抓住开头和结尾的痛点、爽点、爆点

所有口才表达的出发点都是"听众",如果不能很好地从听众的视角出发,缺乏对听众的针对性,再好的内容都是枉然。没有最好的内容,只有最合适的内容。

基于此,本章主要围绕如何掌握听众思维做内容方向的确定,以及基于听众思维如何做内容的优化补充。

6.1 抓住核心关注点——WWH 定目标

张俊:"丫丫老师,我最近学到了很多关于表达结构和细节描述的技巧,感觉在组织语言和讲故事方面有了很大的提升。但是,我发现有时候在演讲或汇报中,一旦出现时间有变化或需要调整的情况,就会打乱我所有的计划,现场的呈现也完全顾不上了,一下就不知道怎么办了。"

丫丫老师:"有没有可能是原来 30 分钟的内容,变成了 10 分钟,导致你试图用 10 分钟涵盖 30 分钟的内容,重点不突出,所以听众不知道你到底想表达什么。"

张俊:"是的,我觉得这个就是当时遇到的最大困难。"

丫丫老师:"这也是很多演讲者常遇到的问题。我们很容易陷入'信息过载'的陷阱,试图在有限的时间里传达太多信息,结果反而失去了核心。"

张俊:"那怎么确定核心呢?"

6.1.1 WWH 定目标

丫丫老师:"你问到点子上了。记住,演讲的核心是 WWH

原则，即 What、Why、How。"

张俊："What、Why、How？听起来挺熟悉的，不过好像没有细细琢磨过。能具体展开说说吗？"

丫丫老师："WWH 代表'什么''为什么'和'如何做'。在进行演讲或汇报时，你需要明确以下三个问题：

What：你要表达什么核心观点？你想要让听众了解什么信息？你想要达成什么目标？

Why：为什么这个观点重要？为什么听众应该关注这个话题？为什么这个信息对听众有价值？

How：你将通过什么方式来表达你的观点？你将使用哪些案例、数据和故事来支撑你的观点？"

张俊："我明白了，就是先明确自己要表达什么，然后解释为什么这个观点重要，最后选择合适的方式和内容来呈现。"

丫丫老师："正确！当你明确了这三个问题，你的演讲就会更加聚焦和清晰。比如，假设你是一名环保志愿者，想要向社区宣传垃圾分类的重要性，你可以这样运用 WWH 原则：

What：我要表达的核心观点是垃圾分类对环境保护至关重要，可以有效减少垃圾量，节约资源，改善环境质量。

Why：这个观点很重要，因为垃圾污染是当前环境问题中最为突出的问题之一，而垃圾分类是解决垃圾污染的有效途径。通过垃圾分类，我们可以将可回收垃圾、有害垃圾、厨余垃圾等进行分类处理，避免环境污染，促进资源的循环利用。

How：我将通过展示垃圾分类的案例、提供垃圾分类的知识和技巧，以及呼吁大家积极参与垃圾分类行动来支撑我的观点。"

张俊："好的，我明白了。谢谢丫丫老师！"

丫丫老师:"张俊,你已经掌握了 WWH 原则,并在演讲中有效地传达了核心观点。但有时候,听众可能还是难以抓住重点,怎么办呢?"

张俊:"我也遇到过这样的情况。有时候即使我使用了 WWH 原则,听众还是觉得我的演讲内容太多,不知道重点在哪里。"

丫丫老师:"这时,你可以使用一些技巧来强化演讲重点,让听众更容易理解和记忆。"

6.1.2　WWH 迭代版——5W3H 进一步精准定位

"除了 WWH 原则,你还可以学习 5W3H 原则,它可以帮助你更全面地思考问题,并找到更有力的论据。"

张俊:"5W3H?这是什么意思呢?"

丫丫老师:"5W3H 代表 8 个问题。5W 包括 What(什么)、Why(为什么)、Who(谁)、When(什么时候)和 Where(哪里)。3H 包括 How(如何)、How much(多少钱)和 How many(多少个)。"

张俊:"哦,我明白了。"

丫丫老师:"5W3H 可以帮助你从多个角度分析问题,并找到更多支持你观点的证据。例如,假设你想要说服公司投资某个项目,你可以使用 5W3H 来构建你的演讲。

What:你要投资的项目是什么?

Why:为什么这个项目值得投资?它有哪些优势?

How:你将通过什么方式来实施这个项目?

Who:谁将参与这个项目?他们有什么优势?

When:项目将在什么时候开始?什么时候完成?

Where：项目将在哪里进行？

How much：项目需要多少投资？预期回报是多少？

How many：项目需要多少人力？需要多少时间？"

张俊："这样的话，我就可以更全面地分析项目，并找到更多支持我观点的证据。"

丫丫老师："没错，5W3H 可以帮助你更系统地思考和表达，让你的演讲更有说服力。"

张俊："谢谢丫丫老师，我一定会认真学习 5W3H，并在演讲中更好地运用它！"

丫丫老师："不客气，张俊。记住，5W3H 只是工具，关键在于你如何运用它来提升你的演讲技巧。"

6.2 排查内容风险点——听众心理的模拟

张俊一面思考丫丫老师的讲解，脑海里想起了从前自己在进行方案讲述的场景。

那天，张俊带着自己精心准备的方案，信心满满地走进会议室。他想，这个方案可是自己熬了几个通宵搞出来的，肯定能让领导和同事们眼前一亮。

"大家好，今天我要给大家介绍的这个方案，是咱们公司今年的重头戏。"张俊一边说，一边把 PPT 一张张往后翻，"我给大家详细讲解一下这个方案的亮点。"

正当张俊讲得兴起时，他注意到角落里的小李皱起了眉头，似乎有些不解。"张俊，你这些数据挺吸引人的，但我想知道，这些数据是怎么来的？可靠吗？"小李的问题让张俊有点措手不及，他匆匆解释了几句，心里却开始打鼓。

接着，市场部的王姐也举手提问："张俊，你说的这些技术名词我们不太懂，能不能简单点，告诉我们这个方案到底能解决什么具体问题？"

张俊的心里更乱了，他没料到大家会对他的方案有这么多的质疑。他尽力让自己的声音听起来更坚定："这些都是经过严格计算的，绝对可靠。至于具体问题嘛，其实都在这些数据里了。"

他试图继续讲解，但会议室里的氛围已经变得有些微妙。财务部的赵哥忍不住插话："张俊，我们看这些图表都挺炫的，但实施这个方案需要多少预算？有没有考虑到成本效益比？"

张俊感到一阵压力，他意识到自己没有提前准备好这些问题的答案。他支支吾吾地回答："预算的问题，我还需要和财务部门进一步沟通，但肯定是在可控范围内的。"

质疑声此起彼伏，张俊越来越觉得自己的讲解像是飘浮在空中，无法落到实处。他开始意识到，自己的方案虽然看起来高大上，但如果没有解决实际问题，没有考虑到成本和可行性，那么再多的数据和技术也只是空中楼阁。

演讲结束后，张俊看到大家纷纷起身离开，没有人留下来和他讨论方案。他心里失落极了，就像是被从头到脚浇了一盆冷水。

"我这是怎么了？"张俊心里犯嘀咕，"方案明明挺好的，怎么大家都不买账呢？"

6.2.1 风险内容排查清单

带着这个问题，张俊把自己的困惑向丫丫老师提了出来。

丫丫老师拿出了一张"风险内容排查清单图"。张俊仔细一看，图中包含两大板块——内容分析和人群分析，里面分别列出了一些问题，以帮助我们做公众表达过程中可能出现的风险情况的排查，如图 6-1 所示。

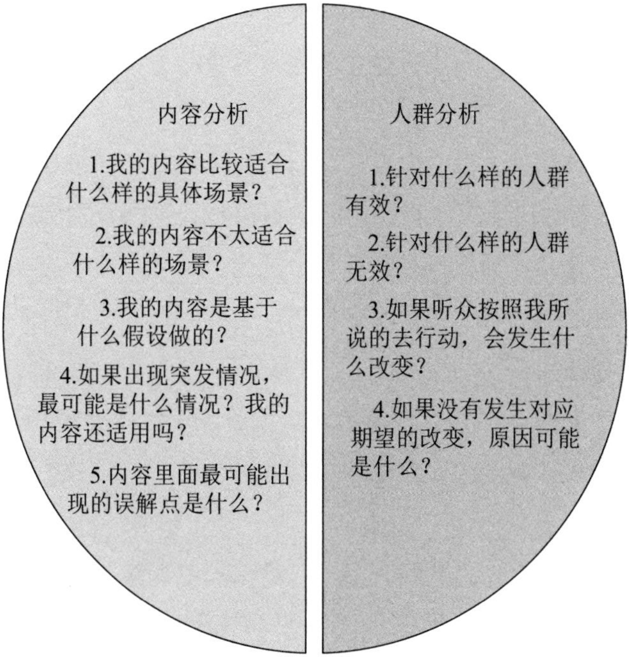

内容分析

1. 我的内容比较适合什么样的具体场景？
2. 我的内容不太适合什么样的场景？
3. 我的内容是基于什么假设做的？
4. 如果出现突发情况，最可能是什么情况？我的内容还适用吗？
5. 内容里面最可能出现的误解点是什么？

人群分析

1. 针对什么样的人群有效？
2. 针对什么样的人群无效？
3. 如果听众按照我所说的去行动，会发生什么改变？
4. 如果没有发生对应期望的改变，原因可能是什么？

图 6-1 风险内容排查清单图

丫丫老师说："结合刚刚你提到的过去的场景，以及这个清单，你尝试一下通过快问快答来分析你之前汇报方案的表述。可以吗？"

"好的。"张俊摆出架势等待丫丫老师的"审问"。

丫丫老师问道："首先，你觉得你的方案在哪种场合下会特别吸引人呢？是不是在一个需要技术创新的研讨会上？"

张俊:"嗯,我觉得您说得对。技术研讨会上大家可能会更关注技术层面的创新,我的方案应该能引起他们的兴趣。"

丫丫老师:"你能想到有哪些场合可能不太适合你的方案吗?比如说,如果听众对技术细节不太感兴趣,会怎么样?"

张俊:"我想,如果是高层领导或者非技术部门的同事,他们可能更关注方案的实际效益和成本,我的方案可能就不那么吸引人了。"

丫丫老师:"你在准备这些内容的时候,是基于什么前提假设呢?是不是认为所有人都能够理解你使用的技术术语和数据?"

张俊:"其实我一开始没有想过这个问题,理所应当地认为听众和我是一个水平的。现在发现,完全不是这样。好多东西他们其实不知道。"

丫丫老师:"你有没有想过,听众可能会对你的哪些部分产生误解?比如说,你的数据是怎么得来的,他们会不会对此有疑问?"

张俊:"对,小李的问题让我意识到,大家对数据的来源和可靠性都很关心,这是我下次需要重点解释的地方。"

丫丫老师:"你的方案对哪些人群特别有效?是不是对那些技术人员来说更有吸引力?那么对于那些非技术人员呢?"

张俊:"确实,技术人员可能会更感兴趣,但对于非技术人员,我可能需要用更通俗的语言来解释方案的优势。"

丫丫老师:"反过来,哪些人可能对你的方案不太感冒?比如,财务部门的同事可能会更关心成本问题,对吧?"

张俊:"是的,财务部门可能会对我的预算和成本效益比有更多的疑问,这是我需要提前准备好的。"

丫丫老师:"如果听众真的按照你的方案去做了,你觉得会发生什么变化?公司的工作流程或者产品会不会有所改进?"

张俊:"我觉得如果我们能按照方案执行,产品和服务的质量应该会有显著提升,工作效率也会提高。"

丫丫老师:"如果大家没有按照你的方案去做,你觉得可能是什么原因?是不是你的方案没有足够的说服力,或者他们觉得实施起来太困难了?"

张俊:"可能是因为我没有把方案的可行性和实际操作细节讲清楚,让大家觉得难以实施或者效果不明显。我需要在这些方面下功夫。"

丫丫老师:"张俊,咱们这一番讨论下来,你发现了吗?问题都串在一起了。你的方案,就像咱们说的,得考虑场合,得考虑到听众,对吧?每次你准备方案时,想想咱们提到的那些问题,比如场合、人群、可能的误解点,这些都是你方案的调味料,它们能让你的讲解更加美味,让人回味无穷。别忘了,突发情况也是调味料之一,得随时准备好。"

丫丫老师接着说:"如果在你讲解的时候,突然出现了技术故障,比如PPT打不开,你会怎么办?你的内容还能否有效地传达出去?"

张俊:"这个问题我确实没考虑过,如果PPT不能用,我可能得靠口头描述和手绘图来解释了,但效果肯定没有PPT好。"

"所以啊,"丫丫老师轻轻叹了一口气,"下次当你站在会议室里,脑子里先过一遍这些问题,我相信你的方案不仅能落地,还能飞上天,让大家眼前一亮!"

张俊点了点头,心想:难怪上次的公众表达会出问题呢。原来之前的自己从来没有想过这些听众可能出现异议的风险点,"常在河边走,哪能不湿脚",要是我能早点知道就好了!

丫丫老师好像看出了他的心思,说:"现在还不晚,以后设计这种公众表达的时候,也可以按照这个方式进行梳理。"

于是,在丫丫老师的点拨下,张俊很快就梳理出了自己即将要做的公众表达内容。

演讲主题:将公司新推出的组合产品介绍给已对公司产品有认知的准客户

- 内容不太适合的情形或场景:

面对完全不了解公司产品的全新客户,因为内容可能假设听众有一定的产品知识基础。

在技术细节讨论或产品研发会议上,这些场合更适合深入探讨产品的技术特性和创新点。

在竞争对手的产品介绍会上,这样的场合可能不适合推广自家产品。

- 针对有效的人群:

已经对公司产品有一定了解的潜在客户,他们对产品的功能和优势有基本认识。

有明确购买意向或正在比较不同供应商产品的决策者。

现有客户,他们可能对扩展产品线感兴趣,以增加或升级现有解决方案。

- 针对无效的人群:

对公司产品完全不感兴趣或已经决定使用其他品牌产品的客户。

缺乏决策权或对购买决策不感兴趣的听众。

需要解决特定问题但新组合产品无法满足其需求的客户。

- 如果出现突发情况，最可能的情况及内容适用性：

最可能的情况：竞争对手突然发布类似产品，或者市场出现新的需求变化。

内容适用性：需要快速调整演讲内容，强调产品的独特卖点和市场适应性，以维持听众的兴趣和信任。

- 内容基于的假设：

准客户对公司的产品线有一定了解，并对新产品感兴趣。

新组合产品能够解决客户的痛点或提供额外的价值。

准客户愿意投资时间和资源来评估新产品。

- 内容里面最可能出现的误解点：

客户可能认为新组合产品只是简单的产品叠加，而不是一个整合的、增值的解决方案。

客户可能对新产品的性价比有疑问，担心增加不必要的成本。

- 如果听众按照我所说的去行动，会发生的改变：

准客户可能会对新组合产品产生兴趣，进而进行更深入的了解或请求演示。

客户可能会开始考虑将新组合产品纳入其采购计划或升级现有产品。

客户与公司的关系可能得到加强，因为新产品的介绍增加了客户对公司能力的认可。

- 如果没有发生对应期望的改变，可能的原因是：

演讲未能清晰地传达新组合产品的价值和差异化优势。

客户现有的解决方案已经满足其需求，对新产品的需求不强烈。

价格或成本因素超出了客户的预算范围。

缺乏后续的跟进和个性化销售策略，导致客户的兴趣未能转化为实际购买行为。

这样梳理完了以后，张俊一下就觉得思路清晰了很多，对于很多存在的风险点也能提前意识到并做好相应对策。

"正所谓'磨刀不误砍柴工'，如果能够在演讲之前进行一下相关的内容分析，那么我们对于这个演讲内容的定位就会更加清晰了，整体内容的设置上，目标感、方向感也会更好。"丫丫老师补充道。

"这确实是个很好的思路。"张俊说道。

"是的，不过这也仅仅是个参考"，丫丫老师缓缓说，"如果你能想到其他的问题作为启发，也是很好的，不要因为给出了这些参考问题就把自己禁锢住了。"

张俊明白，丫丫老师这番话不是危言耸听。很多时候，过往的经验会给我们带来参考，节约很多探索时间的同时，又让我们失去了进一步探索的可能。

6.2.2 听众视角 LOVE 模型

"要突破这个困局其实也不难哦。"丫丫老师摆了摆手，"你知道'听众思维'吧？"

"嗯，我知道，是不是就是说我们要站在听众的视角思考问题？"

"是的。"丫丫老师补充道，"我们可以把听众分成几种不同的类型，对此可参考**听众视角 LOVE 模型**。"如图 6-2 所示。

Logic逻辑类听众
这类听众看重逻辑,确保你的演讲条理清晰,让人信服。

Opinion想法类听众
这类听众看重创意、新知。需要你展现独到的见解,让他耳目一新。

Value价值类听众
这类听众希望能帮他们解决一些问题或者促进个人成长。

Emotion情感类听众
这类听众喜欢能触动心弦的内容,让他们感同身受,或者有互动参与感。

图6-2 听众视角LOVE模型

（1）Logic逻辑类听众

这类听众看重逻辑,确保你的演讲条理清晰,让人信服。他们的关注点包括但不限于以下内容:

①论证严密性:演讲的内容得有道理,不能让人听起来逻辑乱七八糟。每个观点后面必须有靠谱的理由支撑,不能让人感觉是在信口胡说。

②逻辑顺序:讲话得按顺序一步一步地来,不能让人听蒙了。得让听众能跟上你的思路,不能一会儿说这个,一会儿说那个。

③事实依据:说的话必须有证据,比如有数据、事例支撑。这样才会让人信服,认为你讲的话是真实的。

（2）Opinion想法类听众

这类听众看重创意、新知,需要你展现独到的见解,能让他耳目一新。他们的关注点包括但不限于以下内容:

①独特见解:有自己的看法,而不是老生常谈。新鲜的观点总能让人眼前一亮。

②角度新颖:看问题从多角度思考,让人感觉思考问题比较深刻。

③观点碰撞:有时候要敢于挑战常规,这样才能显示出独立

思考的创意十分新颖。

（3）Value 价值类听众

价值感是目前大多数听众所关心的，即表达的内容对他们有用，能帮他们解决一些问题或者促进个人成长。他们的关注点主要表现在以下两个方面：

①社会意义：关注点得放在大家关心的问题上，提出的建议得对大家有好处。

②个人成长：说的话得对听众有帮助，能让他们学到知识，促进个人成长。

（4）Emotion 情感类听众

这类听众喜欢听能触动他们心弦的内容，让他们感同身受，或者让他们有互动参与感。这类听众的关注点主要表现在以下几个方面：

①情感共鸣：能说到人心坎里去，让人有共鸣，感受到被理解和认可。

②语言感染力：讲话有魅力，幽默或者善用修辞，让人听起来很有意思。

③情绪调动：会带动气氛，让人笑、让人哭，能让听众记住你说的内容。

"从这些不同的视角分析听众想要获得部分，我们设计出来的演讲内容才真正是听众会爱上（LOVE）你的演讲哦！"丫丫老师说道。

"但是，如果同时考察你的演讲内容有没有达成这四个维度，会不会比较有难度？"张俊皱了皱眉。

"好问题！特别是对于初学者而言，确实会有难度，可能会顾此失彼。所以我建议可以每次审视听众的时候都代入其中一种视角。"丫丫老师说道。

下面我们结合例子来看：

案例主题：提倡环保生活方式

版本1（无LOVE框架体现）：我们生活中产生的垃圾越来越多，这对环境造成了很大的压力。减少垃圾产生是每个人的责任。

版本2（L体现逻辑）：我们生活中产生的垃圾越来越多，这对环境造成了很大的压力。为了解决这个问题，我们需要采取以下措施：<u>首先，我们应该减少一次性用品的使用；其次，我们要增强废品回收的意识；最后，鼓励大家参与环保志愿活动。</u>这些措施有助于减少垃圾产生。

版本3（LO体现逻辑、论证严密性和独特见解，更口语化）：

你们知道吗，我们每天扔掉的垃圾其实是个大问题，对环境造成了不小的伤害。光靠减少用电和回收还不够，咱们得想点儿新招。我这里有几个点子：<u>首先，咱们可以试试"零垃圾"生活，就是尽量不用那些用完就扔的东西，甚至可以从源头上设计出不产生垃圾的产品，比如用可以自然分解的包装材料；其次，咱们可以搞个"垃圾银行"，把不用的东西存起来，换成积分或者钱币，这样大家回收垃圾更有动力；最后，咱们可以用高科技，比如用区块链，来监督垃圾都去哪儿了，让垃圾处理更透明，效率也更高。</u>这些新法子不仅能帮我们减少垃圾，还能让更多人意识到环保的新玩法。

版本4（LOV体现逻辑、论证严密性、独特见解和事实依据）：

你们知道吗，我们每天扔掉的垃圾其实是个大问题，对环境造成了不小的伤害。用数据说话，咱们国家每年产生的垃圾有几亿吨，这可不是小数目。光靠减少用电和回收还不够，咱们得想点新招儿。我这里有几个点子，都是有实际效果的那种：首先，咱们可以试试"零垃圾"生活，就像有些社区已经做的，尽量不用那些用完就扔的东西，他们甚至从源头上设计出不产生垃圾的产品，比如用可以自然分解的包装材料，效果显著；其次，咱们可以搞个"垃圾银行"，有些地方已经这么做了，把不用的东西存起来，换成积分或者钱币，数据显示，这样能大幅提高回收率；最后，咱们可以用高科技，比如用区块链，国外有些城市已经在用这个技术来监督垃圾都去哪儿了，让垃圾处理更透明，效率提升了不是一点半点。这些新法子不仅能帮我们减少垃圾，还能让更多人意识到环保的新玩法，而且是经过验证的有效玩法。

版本5（LOVE体现逻辑、论证严密性、独特见解、事实依据和价值）：

你们知道吗，我们每天扔掉的垃圾其实是个大问题，对环境造成了不小的伤害。用数据说话，咱们国家每年产生的垃圾有几亿吨，这可不是小数目。光靠减少用电和回收还不够，咱们得想点新招儿，我这里有几个点子，都是既实用又有意义的：首先，咱们可以试试"零垃圾"生活，就像有些环保先锋已经在实践的，尽量不用那些用完就扔的东西，他们甚至从源头上设计出不产生垃圾的产品，比如用可以自然分解的包装材料，这不仅环保，更是在培养我们的责任感；其次，咱们可以搞个"垃圾银行"，有些社区已经在这么做了，把不用的东西存起来，换成积分或者钱币，这样既提高了回收率，又传递了节约资源的价值观；最后，咱们可以用高科技，比如用区块链，国外有些城市已经在用这个技术来监督垃圾都去哪儿了，让垃圾处理更透明，效率也提升了，这也是在倡导一种科技与环保相结合的新理念。绿水青山就是金山银山。

看完以上例子，张俊感叹道："好的表达内容确实是一点一点磨出来的！"

"是的，就像做蛋糕时层层叠加不同的配料和装饰来打造最终的成品，演讲也是通过逐层构建逻辑结构（L）、独特见解（O）、实用价值（V）和情感共鸣（E），来吸引不同类型的听众，并最终形成一个完整、引人入胜的内容呈现。"丫丫老师总结道。

6.3 一头一尾查亮点——痛点、爽点、爆点

"最后我们再来说说可以优化迭代的另外的地方——开头和结尾。也许你会觉得很奇怪：为什么头尾要单独拿出来说？"丫丫老师问。

"感觉好像一头一尾容易给别人留下深刻印象。"张俊说。

"是的，"丫丫老师点点头，"这其实符合一个'峰终定律'。"

"哦？"张俊不禁感到好奇，"这是什么？"

"峰终定律啊，其实就是说人们在回想一段经历的时候，往往只记得最 high 的那个点，还有结束时候的感觉。"丫丫老师说道，"就像是看一部电影，你可能不会记得中间那些平淡的情节，但是电影怎么开始的，电影里最激动人心的那个高潮部分，还有最后是怎么收尾的，这些你会记得特别清楚。所以说，开头和结尾特别重要，因为它们最容易让人印象深刻。这就是为什么我们常说，一个良好的开始是成功的一半，而一个圆满的结束则能让人回味无穷。"

"那如何在开头、结尾、高潮部分给他人留下印象呢？"张俊不禁问道。

"问得好，就要设置对应的亮点。而这些个亮点呢，可以是痛点、爽点和爆点。"丫丫老师拿起笔，在白板上边写边解释。

6.3.1 痛点

"首先说**痛点**，就是要有共鸣。"痛点得戳中听众的心，让他们觉得："哎，这说的不就是我吗？"

①开头/结尾：你可以用一个大家都经历过的事情来开头，或者提一个让人心里一紧的问题，或者用一组数据来震撼一下大家。

②高潮：在演讲或者故事的高潮部分，要让听众感受到那种"痛"，让他们产生共鸣。我们一起来看看下面这个痛点案例：

可放置在开头：假设你正在做一个关于时间管理的演讲，你的开头可以是："大家有没有遇到过这样的情况，每天忙忙碌碌，到了晚上却发现自己好像什么都没做成。"这样的开头直接戳中了很多人日常的痛点。

也可以在结尾增加：在演讲结束时，你可以说："据研究，我们每天平均要浪费两个小时在无意义的事情上。想象一下，如果把这些时间用来提升自己，一年后你会变成什么样的人？"这样的结尾让人深思。

6.3.2 爽点

"接下来是**爽点**，就是要有价值。"所谓**爽点**，就是要得让大家觉得："哇，这个对我太有用了！"

①开头：你可以设置一个悬念，让大家好奇接下来会发生什么，或者告诉他们接下来的内容会给他们带来什么样的回报。

②结尾：你可以用一句朗朗上口的口诀来总结，或者展示一下因为你的建议而产生的积极变化。

我们一起来看看下面这个爽点案例：

开头：如果你在介绍一款新产品，你可以说："想象一下，如果你的工作效率能提高50%，你将会有更多的时间陪伴家人，或者去做你真正热爱的事情。接下来，我要介绍的就是这样一款能够帮你实现这一点的产品。"

结尾：在产品介绍结束时，你展示了一段视频，视频中展示了使用产品前后的对比，以及客户满意度调查的数据，这样就让听众感受到了产品的实际价值。

6.3.3 爆点

"最后是**爆点**，就是要有新知。"所谓**爆点**，就是得有那种让人意外但又觉得"对啊，就是这么回事！"的瞬间。

①开头：你可以用一些反常规的数字或者正话反说来吸引注意。

②结尾：你得升华一下主题，从一个点扩展到一个面，从一个具体的事例升华到一个普遍的道理。最后，设计一句让人回味无穷的金句，这样大家离开的时候还能记得你的话。

我们一起来看看下面这个爆点案例：

开头：在一个关于创新的讲座中，你可以说："我们都知道，苹果公司是创新的代名词，但你们知道吗？他们最成功的创新其实是一个'删除'的举动。"这样的开头立刻激发了听众的好奇心。

结尾：讲座结束时，你说："所以，创新不仅仅是添加新的功能，有时候，它意味着去掉那些不必要的复杂——少即是多。"这样的金句设计让整个讲座的主题得到了升华。

听着丫丫老师一口气把痛点、爽点、爆点都讲完了，张俊一下子醍醐灌顶，自己以前只是站在自己的视角去想内容要怎么搭建,但现在从听众的视角再来看,就知道内容应该如何更好地组织,更有针对性。张俊感觉到,自己仿佛正站在巨人的肩膀上,又好像站在好几层楼梯上,看着过去自以为是的自己,暗暗觉得有些好笑,又有些庆幸,幸好还没有在出现大的洋相之前就知道了这些。

6.4 AI赋能口才表达——30秒用AI迭代内容

本章的内容非常重要。好的开始是成功的一半,我们首先学习了用WWH检查目标,帮助我们把目标进一步聚焦,从而更好地明确主题。之后再用5W3H做目标的二次检查,进一步完善。我们一起来试着用AI帮助我们聚焦表达目标,请看下面这个案例。

案例:你是银行大客户销售,要参加一个方案讲解比赛,针对某大客户,对其进行续约方案介绍。该比赛为内部比赛,评委为行内领导。

这个题目首先要了解:到底是对谁讲?对某大客户还是评委?其核心目标是什么?感觉都比较模糊,我们可以问问AI怎么看。

请学习以下演讲目标聚焦框架,如果学会了,请回复:学会了。

What:你要表达什么核心观点?你想要让听众了解什么信息?你想要达成什么目标?

Why:为什么这个观点重要?为什么听众应该关注这个话题?为什么这个信息对听众有价值?

How:你将通过什么方式来表达你的观点?你将使用哪

些案例、数据和故事来支撑你的观点?

学会了。

请针对以下情形用目标聚焦框架进行分析:

案例:你是银行大客户销售,要参加一个方案讲解比赛,针对某大客户,对其进行续约方案介绍。该比赛为内部比赛,评委为行内领导。

What(你要表达什么核心观点?你想要让听众了解什么信息?你想要达成什么目标?):

核心观点:我们的续约方案能够为大客户提供持续的价值,增强其业务稳定性,并优化其金融服务体验。

听众需要了解的信息:续约方案的具体内容、优势,以及如何为大客户带来更大的利益。

目标:赢得比赛,获得评委的认可,并最终促成与大客户的续约。

Why(为什么这个观点重要?为什么听众应该关注这个话题?为什么这个信息对听众有价值?):

重要性:续约对于银行来说意味着稳定的收入来源和客户忠诚度的提升,对于大客户而言,则是一个持续可靠且增值的金融服务保障。

听众关注的原因:评委作为行内领导,对银行的整体业绩和客户满意度负有责任,因此他们对能够提升客户满意度和业绩的方案感兴趣。

信息价值：通过展示续约方案的价值，可以帮助银行在激烈的市场竞争中保持优势，同时也能展示销售团队的专业能力和客户服务意识。

How（你将通过什么方式来表达你的观点？你将使用哪些案例、数据和故事来支撑你的观点？）：

表达方式：通过清晰的PPT展示、逻辑严谨的演讲结构和互动环节来阐述观点。

支撑材料：

案例：提供其他大客户成功续约的案例，展示续约方案的实际效果。

数据：展示续约方案实施前后的关键业务指标对比，如客户满意度提升、交易量增长等。

故事：讲述一个或多个大客户如何通过续约方案获得额外价值的故事，增加演讲的吸引力和说服力。

通过这样的目标聚焦框架分析，可以确保演讲内容紧紧围绕着核心目标，有效地传达信息，并赢得评委的支持。

从以上AI的回答不难看出，AI认为这次方案讲解的目标就是促成客户续约，从而才能获得评委的认可。当然，我们也可以用5W3H来进一步聚焦目标，并进行更全方位的分析，便于对整体内容的统筹协调。

请根据框架5W3H［What：什么？ Why：为什么？ How：如何？ Who：谁？ When：什么时候？周期？持续时长？ Where：哪里？适用场景？ How much：多少（钱）？ How many：多少个？］对该案例进一步进行分析。

以下是对案例的 5W3H 详细分析：

What：续约方案介绍，包括服务内容、条款更新、增值服务等内容。

Why：续约对于银行的业务稳定性和客户忠诚度至关重要，同时也能提升银行的市场竞争力。

How：通过详细的方案讲解、案例展示、数据分析等方式来阐述续约方案的优势。

Who：演讲者是大客户销售代表，听众是银行内部领导组成的评委团。

When：比赛时间需根据银行内部比赛的具体安排而定。

Where：比赛地点通常为银行内部设施，如会议室或培训室。

How much：续约方案的总价值，包括可能的费用和预期的收益，以及比赛可能提供的奖金。

How many：可能涉及多个销售代表的参赛，数位评委的评分，以及一个或多个大客户的续约。

我们会发现 AI 产出的答案有一定参考价值，但是帮助不算特别大。很大程度上是因为 5W3H 问题方向覆盖比较广，比如在 When 和 Where 这两个方面，AI 的回答是：

When：比赛时间需根据银行内部比赛的具体安排而定。

Where：比赛地点通常为银行内部，如会议室或培训室。

这两个回答是聚焦于比赛，而非聚焦于演讲方案做的分析，不是我们当下关注的重点。所以我们需要聚焦到方案，重新提出 When 和 Where 的相关问题，才能更好地帮助我们得到有启发的回答。

Where 应该是指这个方案的适用场景，When 应该是指方案能解决问题的时效。所有问题都需要围绕宣讲方案本身来思考，请重新生成 5W3H 回答。

您的解释是合理的，对于 Where 和 When 的理解可以根据方案的具体内容和上下文进行调整。以下是根据您的解释调整后的 5W3H 框架：

What：续约方案的具体内容，包括服务升级、定制化解决方案、价格结构等。

Why：续约方案对于大客户业务的持续发展和优化金融服务体验至关重要。

How：通过精心设计的演讲结构和互动环节，结合实际案例和数据来展示方案的价值。

Who：演讲者为大客户销售代表，听众为大客户的决策层和管理层。

Where：方案适用于客户在特定业务流程中的需求，比如在跨境交易、风险管理或资金流动性管理等方面。

When：方案能够及时解决客户面临的业务挑战，比如市场变化时的适应性、技术更新迭代时的兼容性等。

How much：续约方案的总费用，以及客户可以预期的经济利益。

How many：续约方案中包含的服务数量，以及预计通过续约可以实现的业务目标数量。

新的回答，对我们的启发价值明显增加了不少，我们也清楚了一开始相对比较模糊的问题：这次方案讲解的听众其实应该是客户的决策层和管理层，核心目标是说服客户续约。

至于本章介绍的风险内容排查清单、听众视角 LOVE 模型迭代内容，以及头尾三点迭代知识量涵盖较大，可以直接用"转、化、发"模式让 AI 高效产出，做到逐个部分近乎"一步到位"的反馈迭代效果。下面以风险内容排查清单为例，进行实操演示。

请学习《风险内容排查清单》，并回复：学会了。

【内容分析】

①我的内容比较适合什么样的具体场景？

②我的内容不太适合什么样的场景？

③我的内容是基于什么假设做的？

④如果出现突发情况，最可能是什么情况？我的内容还适用吗？

⑤内容里面最可能的误解点是什么？

【人群分析】

①针对什么样的人群有效？

②针对什么样的人群无效？

③如果听众按照我所说的去行动会发生什么改变？

④如果没有发生对应期望的改变，原因可能是什么？

学会了。

请用学习的《风险内容排查清单》为以下演讲方向进行风险点排查：给新员工培训公司制度。

【内容分析】

- 我的内容比较适合什么样的具体场景?

    适合的场景:新员工入职初期,需要快速了解公司文化和基本运营规则的阶段。

- 我的内容不太适合什么样的场景?

    不适合的场景:对于需要专业技能培训的员工,或者是在员工已经熟悉公司制度后的提升培训。

- 我的内容是基于什么假设做的?

    假设新员工对公司制度了解有限,需要从基础开始介绍。

    假设新员工愿意学习和遵守公司制度。

- 如果出现突发情况,最可能是什么情况?我的内容还适用吗?

    突发情况可能是公司制度发生重大变更,或者新员工对某些制度有强烈的抵触情绪。

    在制度变更的情况下,内容需要及时更新以保持适用性。

    在员工抵触的情况下,可能需要调整培训方式,增加互动和讨论环节。

- 内容里面最可能的误解点是什么?

    可能误解公司制度的灵活性,认为所有规则都是一成不变的。

    可能误解某些制度的意图,认为是对个人自由的限制而不是团队协作的保障。

【人群分析】

- 针对什么样的人群有效?

    对于刚加入公司,对公司和行业不太熟悉的新员工有效。

- 针对什么样的人群无效?

第6天 掌握听众思维让你事半功倍

对于有丰富工作经验，对常规公司制度已经很熟悉的员工可能效果有限。
- 如果听众按照我所说的去行动会发生什么改变？

  新员工会更好地融入公司文化，理解并遵守公司制度。

  新员工的工作效率和团队协作能力可能会提高。
- 如果没有发生对应期望的改变，原因可能是什么？

  培训内容可能与实际工作场景脱节，缺乏实际操作性。

  培训方式可能过于单一，没有引起新员工的兴趣和参与度。

  新员工可能没有足够的时间去消化和理解培训内容。

  缺乏后续的跟进和评估，导致培训效果无法持续。

要注意，一头一尾的三点迭代优化建议分开迭代：

①让 AI 先学习三点——痛点、爽点、爆点；

②再单独提供开头让其先单独迭代；

③再提供结尾让其单独迭代。

做到以上三点，将更有利于 AI 聚焦，做到更高质量的迭代。

AI 工具对于本章的所有知识点都可以进行辅助，把看起来最难的章节知识，在顷刻之间进行输出。不过对于某些关键问题，如果 AI 的回答不尽如人意，可以考虑调整我们提问的角度，结合具体问题场景问出更细致的问题。本书给出的提问框架仅供参考，启发我们向 AI 提出高质量的问题，不代表必须完全按照本书全盘照搬提问。

让我们以解决自己的实际难点问题为导向，借助提问框架，借助 AI 工具，更高效地优化迭代内容吧！

第 6 天小练习——优化听众思维检视表

为了帮助我们能够更好地利用听众思维,笔者梳理了优化听众思维的检视表,大家可以借助这个表上的内容检查我们的公众表达演讲内容是否具备听众思维。

听众思维检视表(设计表)

(1)目标检查

(WWH 基本版)

What:目标/主题是什么?

Why:为什么要讲这个内容?给听众带来的好处是什么?

How:具体采用什么方式讲?

(WWH 升级版)

What:目标/主题是什么?

Why:为什么要讲这个内容?给听众带来的好处是什么?

How:如何展开?具体采用什么方式讲?

Who:听众群体是哪些人?他们有什么特征?

When:什么时候讲?讲多长时间?每个部分打算如何分配?

Where:在哪里讲?线上还是线下?听众目前处于一个什么状态下?

How much:目标整体涉及多少预算?

How many:目标项目有多少个?对应的负责人员有多少个?

(2)中段内容检查

①风险内容排查清单。

a. 内容：

我的内容比较适合什么样的具体场景？

我的内容不太适合什么样的场景？

我的内容是基于什么假设做的？

如果出现突发情况，最可能是什么情况？我的内容还适用吗？

内容里面最可能出现的误解点是什么？

b. 人群：

针对什么样的人群有效？

针对什么样的人群无效？

如果听众按照我所说的去行动会发生什么改变？

如果没有发生对应期望的改变，原因可能是什么？

②听众倾向检查。

L：是否满足逻辑类听众？

O：是否满足想法类听众？

V：是否满足价值类听众？

E：是否满足情感类听众？

（3）头尾检查

①痛点——有共鸣。

②爽点——有价值。

③爆点——有新知。

好了，相信你使用以上建立听众思维表格进行公众口才表达前的梳理或者初稿的迭代，会有更好的方向。

要相信：好的公众表达是打磨出来的，好的表达能力是逐步训练出来的！你已经在高效的方式下迈出重要的一步了！

持续成长

第 7 天

以微小付出
破除坚持的痛苦

> 提升语言联结的词语—句子—段落表达训练游戏
> 提升思维联想的发散—收敛—整合训练游戏
> 开启综合表达能力的小打卡

第7天 以微小付出破除坚持的痛苦

口才表达就像马拉松，是一项需要长期训练的技能。但又不同于马拉松，该技能一旦练成，不易退化，伴随终生。你需要以前面几天的内容为基础，进行循环练习，以微行动的方式逐步帮助读者突破舒适圈，提升公众口才表达能力。

本章主要围绕如何通过微行动日积月累、一点一滴积累口才表达能力。

7.1 微联结：提升语言表达

完成了之前所有的课程学习，张俊也感觉自己在公众口才表达方面确实也提升了很多，正好之前公司内部举行的方案宣讲比赛结果也出来了，张俊惊讶地发现自己竟然得了第二名！这和以前一想到上台就紧张到语无伦次的自己相比，简直判若两人。

怀着激动的心情，他来到丫丫老师的工作室，当面说要请丫丫老师吃饭。

"可以啊，"丫丫老师立刻答应了，"不过，可能要稍等一下，我还有一节口才课。"

"好啊，我在外面等您。"张俊点点头。

丫丫老师想了想问："要不要一起进来参与？"

张俊突然发现，丫丫老师问的不是要不要一起进来听听，而是参与。难道是有什么好玩的体验？想到这里，张俊充满好奇，立刻点点头，跟随丫丫老师的脚步走进了教室。

进入教室，映入眼帘的有大约十几个学员，教室里没有课桌，只有凳子，排成一个弧形，正前方是一个小讲台。原来丫丫老师平时的课堂也营造出了公众口才演讲的感觉。张俊已经在脑海中想象学员们平时上演讲口才课的情形了。"一会儿该不会也要一个个上台发言吧?"虽说张俊已经是"身经百战"了,但是一想到一会儿可能要在陌生的学员面前发言,突然又感觉有点紧张起来了。

但接下来,张俊很快就发现,他多虑了。

7.1.1 词汇联结练习

丫丫老师站在弧形的教室中央,声音温和而坚定地说:"同学们,好的运动总是需要热身,好的口才表达也需要预热。所以为了更好地让大家进入到畅所欲言的状态,我们一起来做几个小游戏帮助大家预热。"

怎么玩呢?丫丫老师说道:"请同学们依照从左到右的顺序,第一个到第三个同学随意分别说一个名词,大家说的名词相互之间尽可能毫无关系。第四个同学立刻把前三个同学提供的词语串联成一句话。第二个到第四个同学随意分别说一个名词,第五个同学把他们的词连成一句话。大家依次往后顺延。"

啊?这个有点难度呢!三个毫不相干的词语,怎么才能短时间连在一起呢?张俊心里开始犯嘀咕。

"与其纠结,不如行动!"丫丫老师示意大家开始。

学员1:"口红。"

学员2:"火车。"

学员3:"粉笔。"

张俊手心微微出汗,说道:"嗯……一位女士想在【火车】上涂【口红】,但没带,只好拿【粉笔】替代了。"

"哈哈哈!"大家笑成一片。

丫丫老师笑着说:"对,就是这样,三个词语的顺序可以交换,重点是只要连起来,哪怕逻辑不对、听起来天马行空,都是没有问题的。"

于是,在丫丫老师的鼓励下,课堂氛围就这样活跃了起来。大家又集思广益,出了很多有趣的点子。

大象/耳机/雪花——【大象】戴着【耳机】在雪地里跳舞,仿佛【雪花】都是它的伴奏。

雨伞/钢琴/洋葱——把【雨伞】当作指挥棒,指挥【钢琴】演奏,流出了像闻了【洋葱】一样的眼泪。

手机/游泳池/袜子——当【手机】不小心掉进了【游泳池】,【袜子】成了临时的捞手机工具。

星星/自行车/冰激凌——【星星】下,我骑着【自行车】去品尝了【冰激凌】。

……

"这个游戏能够很好地锻炼大家在快速反应的过程中组织语言,对我们语言表达的流畅度有很好的提升哦!"丫丫老师总结道。

张俊也觉得这个游戏很好,不仅锻炼了自己的语言表达流畅度,而且在慢慢熟悉这个游戏之后会发现其实也没有那么难,紧张的心情也缓解许多。

7.1.2 故事接龙练习

丫丫老师说:"接下来这个游戏很简单也很有趣,一个伙伴随意开头,大家就增加情节,最后一起完成一个故事。题目是:小明的个人成长。"

开头(甲):在一个阳光明媚的早晨,小明发现自己竟然长出了一对翅膀，这让他意识到，今天的个人成长任务可能是学会飞行。

接龙（1）：小明尝试振翅高飞，结果不小心把家里的金鱼缸打翻了，金鱼跳出来对他说："恭喜你，离成为'飞鱼骑士'又近了一步。"

接龙（2）：为了更好地控制新长出的翅膀，小明决定报名参加"空中杂技速成班"，班上的老师是一只退休的鹳鸟，它总是把学生的帽子当成飞行道具。

接龙（3）：在杂技班，小明不仅学会了飞行，还意外发现了自己的隐藏天赋——空中投球，每次练习都能准确投中垃圾桶。

接龙（4）：小明开始在社区表演空中杂技，吸引了众多邻居围观，其中包括一只自称是"成长导师"的流浪猫，它说能教小明如何用尾巴钓鱼。

接龙（5）：流浪猫导师的教程非常奇特，它让小明模仿猫的动作，说是可以培养他的"猫性直觉"，结果小明成了小区里最擅长爬树的孩子。

接龙（6）：小明爬树时发现了一个树屋，里面住着一个自称"时间旅行者"的老鼠，它给了小明一个魔法怀表，说是可以帮他回到过去，修正成长中的小错误。

接龙（7）：小明用魔法怀表回到了昨天，阻止了自己吃掉妈妈做的"超级辣鸡腿"，结果避免了肚子疼，也学会了勇敢面对挑战。

接龙（8）：回到现实，小明发现自己的个人成长不仅仅是学会飞行，还获得了勇气、智慧和责任。他决定用这些新学的技能去帮助有需要的人。

接龙（9）：小明在帮助一位老奶奶找猫的时候，意外发现猫和"成长导师"流浪猫正在一起晒太阳，原来它们是老朋友，都在偷偷帮助小明成长。

接龙（10）：小明的故事在社区里传开了，大家都称他为"成长的使者"。而那只鹦鹉，现在成了小明的忠实粉丝，总是跟着他，学着他的一言一行。

接龙（11）：最后，小明在个人成长的道路上越走越远，他甚至开了一个"空中杂技与成长俱乐部"，教孩子们如何在成长中找到乐趣和自信。而那只鹦鹉，成了俱乐部的吉祥物，总是用它的"海贼王"语录激励大家。

"哈哈哈……"在大家的一阵欢声笑语中，完成了"小明的个人成长"故事接龙。虽然有些天马行空，但是仿佛无形而绚丽的思维火花却在教室上空激烈碰撞着。

7.1.3 情节转折练习

丫丫老师也笑着说："大家真的太棒了，接下来我们可以给故事接龙游戏增加一点难度。"

"哦？"大家都好奇起来，只见有的同学睁大了眼睛，有的同学搓了搓手，张俊则把身体往前挪了挪，一副跃跃欲试的样子。

丫丫老师说："规则是这样的。我给一个开头，第一个同学说'但是……（给出困难）'，第二个同学说'没关系……（化解困难）'，第三个同学说'但是……（给出困难）'，第四个同学说'没关系……（化解困难）'……以此类推，第奇数个同学说'但是……（给出困难）'，第偶数个同学说'没关系……（化解上一位奇数同学提出的困难）'，最后以第偶数个同学的接龙作为故事的结束。听懂了吗？"丫丫老师问。

大家都点点头："听懂了！"

丫丫老师起头："在一个遥远的村庄里，有一个勇敢的小男孩叫小明。"

同学1（但是）："小明最大的梦想是成为一名勇士，村里的长者却说他的体型太小，不适合做勇士。"

同学2（没关系）："没关系，小明决定通过锻炼来增强自己的力量，他每天早晨都会去森林里跑步和练习武术。"

同学3（但是）："但是森林里有一只凶猛的狼，它经常出没，威胁着小明的安全。"

同学4（没关系）："没关系，小明用智慧和勇气设计了一个陷阱，成功地捕获了那只狼，并赢得了村民的尊敬。"

同学5（但是）："但是，成为勇士的道路上还有更多的挑战，村庄附近的火山即将爆发，村民们陷入了恐慌。"

同学6（没关系）："没关系，小明带领村民们制订了一个疏散计划，并且勇敢地前往火山口，寻找阻止火山爆发的办法。"

同学7（但是）："但是，火山口附近的地形复杂，还有许多未知的危险，小明可能会迷失方向。"

同学8（没关系）："没关系，小明利用自己在森林里锻炼出来的生存技能，顺利地找到了火山的核心区域，并发现了一种可以暂时抑制火山活动的神奇植物。"

同学9（但是）："但是，采摘这种植物需要冒着极大的风险，一旦失败，火山可能会立即爆发。"

同学10（没关系）："没关系，小明凭借他的勇气和决心，成功地采摘了植物，并用它稳定了火山，保护了村庄和村民们。最后小明不仅成为村庄的勇士，还赢得了所有村民的爱戴和尊敬。"

在一阵掌声中，大家完成了"但是/没关系"的接龙。

丫丫老师提问："各位同学，刚才我们一起玩的接龙游戏对我们的口才表达有哪些具体的好处？大家一起来集思广益吧！"

学员1："我觉得这个游戏能锻炼我们的快速反应能力。因为在轮到我接龙的时候，我必须立刻想出接下来的情节，这对提升我们的思维敏捷性很有帮助。"

学员2："对，而且我发现这个游戏还能提高我们的逻辑性。我们需要让故事情节合理连贯，这样在现实生活中表达观点时，我们也会更好地承上启下。"

学员3："我觉得这个游戏增强了我们的自信心。要想尽办法化解前面一个人提出的困难，就发现还真没有解决不了的事，真没有过不去的坎，方法总比困难多！"

学员4："我同意！还有，这个游戏也让我们学会了倾听。为了更好地接龙，我们必须认真听前面的内容，这在日常沟通中也非常重要。"

丫丫老师总结道："大家都说得很好。这个游戏特别适合讲故事的训练。单从口才训练来看，一个好的故事情节设置就是需要有困难、障碍以及化解的思考，才能一定程度呈现出故事的曲折性，从而提升吸引力和说服力。"

7.2 微联想：提升思维创意

大家完成了语言表达的热身，这时有一名学员提出疑问："丫丫老师，刚刚那些语言表达的热身游戏真的特别棒，请问有没有相关的思维训练让我们能想到更多内容的小游戏呢？"

丫丫老师点点头："不错，这也是我接下来要带着大家来体验的。我们刚才训练了即兴口语表达能力，接下来再练习一下即兴思维能力。"

7.2.1 词语发散练习

"这项练习是词汇发散。这个活动能够帮助我们迅速激活大脑,扩展思维。举个例子,我们的起点词汇是'成功',请大家尽可能多地联想到与之相关的词汇。"

张俊迅速进入状态,他的脑海中闪现出"努力""目标""成就""庆祝""坚持"等词汇。他感到自己的思维像被点亮了一样,开始在课堂上活跃起来。

同学们也纷纷举手发言,有人说"智慧",有人说"汗水",还有人说"机遇"。课堂上的气氛渐渐热烈起来。

接下来丫丫老师又写了好几组词语,大家都分别进行了对应的联想和发散,如图7-1所示。

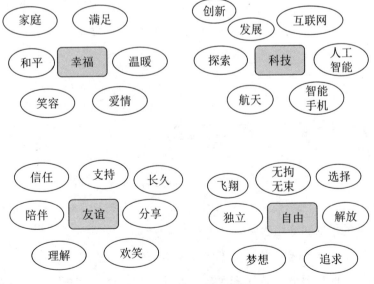

图 7-1 词语发散扩展图

丫丫老师点头称赞:"很好,大家想到了这么多相关的词汇,这说明我们的思维正在打开,联想与发散能力也在增强。词汇发散练习能够帮助我们更好地快速联想到相关内容,进行素材的组织和框架的搭建。特别是当你拿到一个主题,就可以快速展开联想,不至于大脑一片空白!"

7.2.2 思维导图练习

随后,丫丫老师拿出了一沓白纸和彩色笔,她说:"接下来,我们进行思维导图练习。这个练习可以帮助我们组织和梳理信息,让我们的表达更有逻辑性。请大家以'个人成长'为中心词,绘制一张思维导图。"

张俊拿起笔,从"个人成长"出发,画出了"学习""经验""挑战""习惯"等分支。每个分支下他又细化出更多的点,比如"学习"下有"阅读技巧""课程学习""实践应用"等。如图7-2所示。

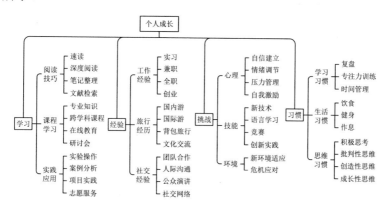

图7-2 "个人成长"思维导图

这样梳理完成之后,张俊发现原来关于"个人成长"自己能想到的东西居然有这么多，这下不愁没有内容讲了。

"很好！"丫丫老师看着张俊和同学们画的自己的思维导图，补充道，"这个导图就是帮助大家把刚刚发散的思维又进一步连接起来。通过导图，我们和每一个发散出去的词汇中间多了一条无形的线，通过这条线，我们便能更好地做到思维自如地收放。"

7.2.3 隐喻练习

"最后，我们来玩一个隐喻练习，也就是用一种事物来形容另一种事物。通过这种方式来促进思维灵活性，提高思考创造力，深化对事物的理解。简单来说，就是用大家熟悉的东西来打比方，让我们对一些抽象或者复杂的概念有更直观的感受。"丫丫老师顿了顿，继续说，"这样说起来，可能有些难度，所以我们来看一个例子。"

说着，她便在白板中写下一个词：榴莲。

"这个水果大家都认识吧？"她问道。

"认识！"同学们纷纷点头。

"要用隐喻类比它，就需要先想想这个词代表的事物本身有什么属性、特征。比如榴莲比较鲜明的特点是什么？"

"闻着很臭，吃着挺香。"有同学答道。

"外面有刺，里面很柔软。"另一个同学补充道。

丫丫老师点点头："大家都说得很好。接下来我们可以从其中一个属性或者特征里面选择一个，比如'闻着臭吃着香'，对应到我们生活中有没有这样的情况？"

张俊和同学们都点点头。"当然有了，这就告诉我们看人不要只看表面。"张俊回答道。

"很好,这样关于榴莲的隐喻就出来了。"丫丫老师边说边写,"第一步,先把事物的属性功能写下来;第二步,选其中的一个属性功能,找到和其比较类似的人或事物,即可产生隐喻的对象。"

原来隐喻不是完全凭空靠灵感,核心在于对原有事物的功能属性的罗列,这样就能够有隐喻的思路了。张俊心想。

为了更好地帮助大家运用隐喻的思维,丫丫老师又给每个同学发了一张表格,让大家进一步做练习。

张俊定睛一看,只见表格上呈现了部分内容,还有部分缺失,如表 7-1 所示。

表 7-1 隐喻练习案例表(填空版)

物品	特点/功能/属性描述	隐喻含义
榴莲	闻着臭吃着香	不要只看表面现象
白板	可以擦了继续书写	
针线包		
咖啡豆		
镜子		

思索片刻,他完成了这个表格,如表 7-2 所示。

表 7-2 隐喻练习案例表(完成版)

物品	特点/功能/属性描述	隐喻含义
榴莲	闻着臭吃着香	不要只看表面现象
白板	可以擦了继续书写	人生就是要不断刷新自己
针线包	小巧却有大用途	看似不起眼的东西也有其价值
咖啡豆	经过烘焙才释放香味	只有经历磨难才能展现价值
镜子	照出真实但不改变	面对现实,但保持自我

7.3 微展示：提升表达魅力

很快，一个半小时的课程结束了。张俊竟然不敢相信：课前明明充满顾虑，课上的时间却一晃而过。

不过，值得庆幸的是，接下来自己还要和丫丫老师约饭，正好还有些问题可以边吃边问。

张俊和丫丫老师坐在一家小餐馆里，桌上摆满了色香味俱佳的菜肴。张俊一边拿起筷子，一边好奇地问道："丫丫老师，上次您介绍的提高口才的方法我都尝试了，效果真的很好。但是，这些方法平时也是需要练习的，所以我想知道，怎样才能更有效地练习呢？"

丫丫老师看着张俊的筷子停在了半空中，笑着说："别愣着，多吃点。练习口才的同时，身体也要补充能量嘛。至于有效练习，你可以试试1分钟演讲视频打卡的方式。"

张俊夹起菜，停留在半空："1分钟演讲视频打卡？是视频还是语音呢？"

丫丫老师说："这个可以看你自己的情况，1分钟演讲视频或者语音打卡都可以，就是每天录制一段1分钟左右的演讲视频，然后上传到社交媒体或者专门的打卡平台。这样可以帮助你集中练习不同的口才技能。这也是我自己练习口才表达的方法哦！"

说着，她拿出手机，给张俊看了她建立的打卡群，名字叫"坚持做好一件事"，并点开了公告栏，给张俊看打卡群的规则，如图7-3所示。

第 7 天　以微小付出破除坚持的痛苦

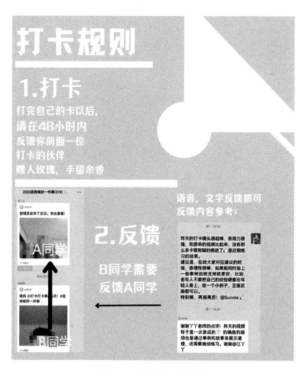

图 7-3　打卡规则说明

7.3.1　主题内容

张俊："那口才打卡我该说什么内容呢？新闻可以吗？"

丫丫老师："可以，比如每日话题、观点阐述或者故事讲述，这些都是你可以打卡的内容。"

张俊："哦，那我可以用每天的新闻作为话题来练习！"

丫丫老师："是的，你可以根据自己的兴趣和当天的重要事件来选择主题。"

张俊转了转眼睛，说道："哦，比如，最近大家都关注的环保问题，我就可以用这个来练习。"

丫丫老师:"非常好的选择,环保是一个很有意义的话题。你可以从不同的角度来阐述,比如谈谈塑料污染、气候变化对日常生活的影响,或者是分享一些环保的方法。"

张俊:"是的,我可以先从塑料污染开始,比如谈谈塑料袋的使用和替代方案。"

丫丫老师:"很棒!除了新闻,你还可以选择一些更贴近生活的主题,比如'我的周末计划'或者'我最喜欢的季节'。你可以选一个来说说。"

张俊:"那我选最喜欢的季节吧。我最喜欢的季节是秋天,我可以讲述为什么我喜欢秋天,以及秋天的一些特别活动。"

丫丫老师:"那会是一场很温馨的演讲。当然,如果你想要挑战自己,可以尝试一些更抽象或者哲学性的话题,比如'时间的重要性'或者'幸福的定义'。"

张俊:"哲学性的话题啊,听起来有点难度,但我愿意尝试。比如,我可以谈谈我对幸福的理解。"

丫丫老师:"很好,这样的练习不仅能提高你的口才,还能让你更深入地思考这些话题。另外,**故事讲述**也是一个很好的练习方式,你可以选择一些寓言故事、历史故事或者个人经历来讲述。"

张俊:"我有一次旅行的经历非常有趣,我可以把这个故事讲出来,同时练习如何更好地表达情感和细节。"

丫丫老师:"那就太好了,张俊。我们的打卡主题既可以关注新闻热点,选择时事话题进行阐述,也可以分享你自己的故事,无论是有趣的经历还是深刻的感悟,这些都是提升口才的绝佳素材哦。"

7.3.2 训练注意要点

虽然对于自己打卡的内容，张俊已经有了些许思路，但是对于训练的重点他还是很茫然。于是丫丫老师为他提供了一些可以作为训练重点的方向，并给了一些训练的注意要点。

（1）语言表达

丫丫老师："接下来是**语言表达**。清晰发音是基础，你可以通过朗读文章并录音来练习。"

张俊："录音后，我是不是要回听来分析问题？感觉回听充满了尴尬，哈哈哈。"

丫丫老师："只要你觉得不尴尬，就……没有人尴尬！你可以把录音想成别人的录音，你就是听这个录音的老师。"

"这个方法好！把录音当成别人，挑别人的毛病。"张俊笑了笑。

丫丫老师继续说："回放并仔细听听，注意是否有模糊不清的地方，然后针对性地练习。语速控制方面，1分钟计时是很好的方法哦，平均一分钟 180～220 字就是平时说话的语速哦！"

张俊："嗯，相信多多训练对语速的把控，对时间的感知力就会提升了。那么停顿的使用呢？"

（2）停顿使用

丫丫老师："停顿的使用在于自然和恰当。你可以在重要的观点后故意停顿，给听众时间去消化信息。练习时，可以在句子结尾或转换话题时加入停顿。咱们在第5天讲了一些具体练习方法，这里就不再赘述了，可以再复习下前面的内容。"

"嗯，好的。"张俊点点头。

(3) 身体语言

丫丫老师:"别忘了,身体语言也很关键哦。你可以录个视频,回看自己的脸上有什么表情,手势是不是做得自然,跟观众的眼神交流怎么样。"

张俊:"我看视频的时候得留心哪些方面呢?"

丫丫老师:"你得看看你的表情是不是跟你说的内容搭配,手势是不是既自然又有助于你的表达,还有你的眼神是不是真的能跟听众有交流。别让那些下意识的小动作露出来。回看视频的时候,这些都是你要检查并且想办法改进的地方。"

张俊:"好的,记住了。"

(4) 结构组织

丫丫老师:"打卡不光能帮你记内容,还能锻炼你怎么组织语言呢。做个简单的大纲,会挺有用的。"

张俊:"那我该怎么着手做这个大纲呢?"

丫丫老师:"嗯,首先想想怎么开头能吸引人,然后规划一下中间要说的重点和顺序,最后再设计一个给力的结尾,把你的演讲收尾。"

张俊:"这么一说,我好像能用上之前学的PREP、PRM,还有对钩模型。"

丫丫老师:"对啊,而且我建议你先试试PREP,这是最基本的表达框架。我记得我当时练口才打卡的时候,仅仅用PREP就练了一个多月呢。"

张俊:"哇,原来您也这么练过来的,怪不得口才这么棒!"

丫丫老师:"是啊,除了练结构,还得练怎么提炼观点。同样的材料,你可以每天试着从不同角度去提炼观点。"

(5)自信建立

丫丫老师:"要建立自信,你可以把打卡内容发到群里,让大家给你点反馈。我给我的学生们建了个打卡群,你也能在群里分享。而且每个人还得给前面的人发的打卡内容反馈呢!"

张俊:"哈哈,有点难为情啊。"

丫丫老师:"这正好是锻炼咱们胆量和勇气的好机会嘛!这个群就是给大家打卡分享的,如果在这儿都不敢分享,那以后怎么在更多人面前讲话呢?保持开放的心态,认真听取每个人的意见。对于那些有用的批评,想想怎么改进自己。"说罢,她拍了拍张俊的肩膀,"别压力太大,群里大家每天都在打卡,你的打卡很快就会被新的内容盖过去。这样一轮一轮地练习下来,等你真正上台的时候,才能有大的突破嘛!"

张俊:"对啊,这儿就是练习的地方,得有开放的心态才能进步。"

(6)技术技能

张俊:"丫丫老师,如果我想录视频的话,有没有什么视频录制和剪辑工具推荐给我用用看啊?"

丫丫老师:"你可以尝试从简单的录制开始,然后试试用像剪映这样的软件来剪辑。"

张俊:"我完全没经验,您觉得我应该从哪里开始学起呢?"

丫丫老师:"你可以先从拍视频开始,然后用剪映这样的软件来剪辑。一开始就剪辑掉多余的部分,逐渐地学习如何添加音乐、文字等元素。这样你在剪辑的时候就能发现自己的问题,比如,哪句话说得过长可以剪掉,这既能提升你的觉察力,也能帮你找到录制口播的感觉,以后说话时就能更快吸引别人的注意,让你在短平快的表达时代中脱颖而出。"

"好的,我全部记下了!"说着张俊把刚刚老师提到的几个要素整理成了一个打卡练习参考建议表拿给丫丫老师看,如表7-3所示。

表7-3 打卡练习参考建议表

练习类别	练习内容	练习方法或练习重点
主题内容	每日话题、观点阐述、故事讲述	关注新闻、自己的事
语言表达	清晰发音、语速控制、停顿使用	读文章—回听回看检查优化
身体语言	面部表情、手势运用、眼神交流	录视频—回听回看检查优化
结构组织	开头吸引、中间展开、结尾总结	梳理简易大纲
时间管理	一分钟限制、计时练习	计时复盘
自信建立	正面心态、模拟练习、反馈接受	打卡内容发到群里,接收反馈
技术技能	视频录制、剪辑技巧	尝试使用如剪映等工具自行剪辑

张俊像开玩笑一般地说:"这么看来,确实好处多多。不过不瞒您说,我感觉要注意的地方真的很多,有点不知道从哪里下手了。哈哈。"

丫丫老师:"我理解,不用担心,这是一个逐步提升的过程。你不需要一次性掌握所有内容,可以一项一项来。先从你最感兴趣或者觉得最需要改进的地方开始,逐步增加练习的内容。"

张俊:"那我现在最需要改进的是语言表达,我应该怎么做呢?"

丫丫老师:"很好,那就先专注于语言表达。你可以每天选择一小段文章进行朗读练习,重点放在清晰发音上。录下来后,

第 7 天　以微小付出破除坚持的痛苦

仔细听自己的发音,每天改进一点点。等到发音问题有所改善后,再加入语速控制和停顿使用的练习。"

张俊:"明白了,我会按照您说的去做。那其他方面也可以参照这样,一点一点改进,对吧?"

丫丫老师:"是的。其他方面,你也可以先做一个大致的计划。比如,每周专注于一个新领域,下周可能是结构组织,那么到时候就可以从录音变为视频了。这样,你既有明确的目标,又不会感到压力过大。"

张俊:"这样安排听起来合理多了。我会先从语言表达开始,然后逐步过渡到其他方面。"

丫丫老师:"对,重要的是要保持持续性和耐心。每掌握一项技能,都是对你努力的肯定。别忘了,我在这里随时支持你,有任何问题都可以来找我。"

张俊:"谢谢老师,我会努力的!感觉现在有了方向,心里踏实多了。"

于是,结束了饭局,张俊兴致勃勃回到家梳理了自己接下来的打卡规划:

1~3周:语音打卡　练习语气和语调、停顿、清晰度

4~6周:语速打卡　练习节奏把握、匀速朗读、适时变速

7~12周:结构打卡　练习PREP(2周)/PRM(1周)/对钩模型(1周)/SCQA逻辑(1周)

13~15周:肢体打卡　练习手势运用、面部表情、身体语言

16~18周:实战打卡　练习即兴应答、场景适应、综合运用

这样看来,对于自己接下来要打卡的规划,张俊感觉也清晰很多,心中有数了,那么接下来就是按照这样的节奏一步一步去

做就好啦。

丫丫老师也鼓励道:"是的,想得再多,不如踏实行动起来!"

没有立竿见影的改变,只有潜移默化的影响。先完成,再完美。加油!

7.4 AI赋能口才表达——AI工具使用注意事项

相信到这里,你也已经多多少少尝试过使用AI的滋味了。感觉如何呢?

AI的使用就像谈恋爱,刚开始充满期待,居然这么快就能帮我想出这么多点子?居然这么快就能把框架搭建好?居然能这么快就生成一篇演讲稿?此时,你正陷入和它接触的蜜月期呢。

但很快,你就发现和它出现了交流瓶颈。你说的话它并不一定完全明白,它给的答案也不一定是你想要的,说明这个时候你们进入了磨合期。你才发现,原来AI这个交往对象是一个特别有性格的家伙,它也有属于自己的行事风格、表达习惯、做事原则。很多时候,当你摸清了它的特点,在这个基础上去要求它做事情,它才有可能顺着你的意思来。

那我们如何更好地度过与AI的磨合期呢?这就要给大家讲解一下AI个性下的几个行为表现,也可以看作是使用AI的注意事项。

(1)编瞎话

比如有一次我请AI使用鲁迅的话作为讲稿的金句结尾,结果最后发现那句话根本不是鲁迅写的,是AI自己编的。这样啼笑皆非的事并不少见。

AI 的主要目标是为了完成我们的指令要求，如果我们的指令要求里面没有提到需要它检索，它就会跳过检索直接快速生成，从而导致需要引经据典的时候却得到了 AI 瞎编的结果。所以建议大家在引用某原文时，给出明确指令，让 AI 进行网络检索。不过，不排除网络信息复杂，AI 也会有检索到错误信息的情况，因此我们需要细致考究引文，如论文原文，用人工方式在知网等渠道自行检索。

（2）走极端

当你让 AI 产出一些想法的时候，如果没有说具体的数量，它可能会蹦出十多条要点，多到让人眼花缭乱、不知道选择什么，重点在哪里。又或者当你让 AI 解释一个概念的时候，AI 长篇大论说了一堆让你云里雾里的内容。这个时候，我们很有可能对它说："请精简一些。"结果下一秒它就只给出一个想法，或者一句话来高度概括需要解释的概念，这也会让你有些摸不着头脑。

其实，这是由于我们没有量化要求导致的。你可以告诉 AI 产出多少个想法、创意，告诉它对概念的解释大约控制在什么样的字数范围。（注意：不要说 200 字以内，这样 AI 可能只会生成 50 个字，要告诉它字数控制在 180~220 字。）

（3）爱偷懒

当你请求 AI 帮助你撰写一份讲稿时，如果 AI 没有被明确指示需要原创内容，虽然它不会直接复制，但可能会基于网络上的资源生成一个相似度较高的内容，而不是提供一个完全独立思考的讲稿。

所以这就需要我们自己一定要清楚我们想表达的内容和同质

化内容相比,亮点在哪里、差异在哪里、要达到的核心目标是什么。

有了编瞎话、走极端、爱偷懒这三大缺点,看上去 AI 似乎不太适合当一个好的对象啊!怎么办呢?各位,降低一点期待,把它看成一个小孩子。虽然知识渊博,但心智不成熟,这样的状况下,它是不能作为我们解决问题的牵头角色的,只能作为辅助。同时,我们还需要对它加以引导,将要求具象化,所以要适当改变对它的看法和相处方式。具体怎么做呢?

(1)想法发散问

面对像小孩子的 AI,因为它是非常有创意的,所以我们在提出想法类问题的时候,要鼓励它多多思考,贡献不同的点子,这样才有可能给我们启发。对于想法类、创意类、方法类的内容,我们提问时可以适当宽泛一些。如:

请列举 10 个可能改变未来生活方式的创新科技产品想法。

智能健康监测手表:实时监测心率、血压、血糖等健康指标,并提供个性化健康建议。

智能交通信号系统:根据实时交通流量自动调整信号灯,减少交通拥堵。

智能衣物:能够调节温度、湿度和透气性的衣物,适应不同天气和环境。

智能教育平台:利用 AI 技术为每个学生定制个性化学习计划,提高教育效果。

智能农业系统：通过传感器和数据分析，实现精准灌溉和作物健康管理。

智能物流机器人：自动配送货物，提高物流效率，降低成本。

智能家居安全系统：集成火灾报警、煤气泄漏检测、入侵报警等功能，全方位保护家庭安全。

智能环保垃圾桶：自动分类垃圾，减少环境污染。

智能健身教练：根据用户体质和需求，提供定制化的健身计划和指导。

智能无人驾驶飞行器：用于空中交通、紧急救援和货物配送，改变空中出行方式。

（2）成文细致出

当想法定下来了以后，我们就要督促 AI 来协助写作了。考虑到 AI 爱偷懒，所以我们就像家长对待孩子做作业一样，需要先帮它把规矩立好，同时像监工一样盯着它一点一点完成，才能大概率地符合我们的预期。

①**指令要求条条列**：这是立规矩的环节，把每一条指令分点说清楚。包括产出的内容要求、格式要求、产出要求、其他注意事项等。

如以撰写"介绍智能教育平台"讲稿为例，生成的参考指令可以是：

- 内容要求

列出至少 5 个智能教育平台的核心功能。

描述 3 个智能教育平台在实际教学中的应用场景。

分析智能教育平台对传统教育模式的影响。

- 格式要求

每个功能点需用简洁的短语描述,并辅以简短的解释。

应用场景描述需包含背景、问题、解决方案和预期效果。

影响分析需分为正面影响和潜在挑战两个部分。

- 产出要求

每个功能点单独成条,总计不少于5条。

应用场景描述每个场景不少于100字。

影响分析每个部分不少于150字。

- 其他注意事项

确保内容的专业性和准确性,避免使用模糊或夸张的语言。

使用的术语需符合教育技术行业的标准。

在描述应用场景时,尽量提供具体的案例或数据支持。

在分析影响时,要平衡不同利益相关者的视角,包括教师、学生、家长和教育机构。

②**内容产出段段写**:一口气让 AI 产出完整的讲稿,难免中间有偷工减料,不符合指令要求。同时一部分一部分撰写也便于和 AI 交流不断修改,避免出现牵一发而动全身的问题。

请根据以上产出的要求先写开头,再写中间内容,最后写结尾。写一段停下来,我确认OK,再写下一段。

当然,以下是按照您的要求撰写的开头部分。

开头:

智能教育平台正逐渐成为教育领域的一大创新力量,它通过集成先进的技术，为学习者提供个性化和高效的学习体验。以下是对智能教育平台核心功能、应用场景以及其对传统教育模式影响的概述。

中间内容（待确认 OK 后继续）。

（请确认上述开头部分是否满足要求，如果 OK，我将继续撰写中间内容。）

根据它的回答我们可以决定这个部分要不要调整，调整好了再继续。且 AI 有记忆功能，后面的内容也会根据你调整的风格继续保持下去。

开头调整一下，用三个场景发问的方式，引起听众好奇。

想象一下，如果在一个课堂上，每个学生都能根据自己的学习进度和能力，获得量身定制的学习计划，会是怎样的情景？又或者，一个偏远地区的学生能够通过虚拟现实技术，体验到与城市学生相同的高质量教育资源，这又将如何改变他的学习生涯？再进一步，如果教育系统能够实时分析学生的学习行为，预测并解决学习中的难题，教育的未来又会是怎样的一幅图景？

这三个场景，正是智能教育平台正在逐步实现的梦想。接下来，让我们一起探索智能教育平台的核心功能、应用场景，以及它对传统教育模式的深刻影响。准备好了吗？让我们一起揭开智能教育的神秘面纱。

OK。

中间内容:

在核心功能方面,智能教育平台展现出其独特的优势。首先,它利用大数据和人工智能技术对学生的学习行为和效果进行实时分析,从而精准定位每个学生的知识薄弱点。其次,平台能够根据分析结果动态调整教学内容和节奏,确保每个学生都能获得最适合其学习需求的资源。此外,智能教育平台的互动性和趣味性也是其一大亮点,通过游戏化学习、虚拟现实(VR)和增强现实(AR)等技术,大大提高了学生的学习兴趣和参与度。

在应用场景上,智能教育平台已广泛应用于从学前教育到高等教育各个阶段。例如,在 K12 教育中,平台能够辅助教师进行作业批改和个性化辅导,减轻教师的工作负担;在高等教育领域,智能教育平台则可以提供在线课程和远程实验室,打破地域限制,让优质教育资源惠及更多学生。

对于传统教育模式,智能教育平台的崛起无疑是一种颠覆。它挑战了传统的"一刀切"教学模式,推动教育朝着更加个性化和智能化的方向发展。然而,这种变革也带来了一系列挑战,如教师角色的转变、教育公平性问题以及技术与教育深度融合的探索等。

结尾(待确认 OK 后继续)。

(请确认上述中间内容是否满足要求,如果 OK,我将继续撰写结尾部分。)

第7天 以微小付出破除坚持的痛苦

中间部分口语化一些。

当然,以下是中间部分的口语化版本。

中间内容:

咱们来看看智能教育平台的核心功能,这玩意儿真挺牛的。首先,它用大数据和人工智能的技术,能实时分析学生们是怎么学的,哪些地方学得不够好。这样一来,平台就能精确地找出每个学生知识上的短板。而且,它还能根据这些分析结果,灵活地调整教学内容和进度,确保每个学生都能得到最适合自己的学习材料。

再说,这个平台的互动性和趣味性也是相当棒的。想想看,通过游戏化学习、虚拟现实(VR)和增强现实(AR)这些高科技,学习变得更有意思了,学生们也更愿意投入进去。

再谈谈应用场景,智能教育平台现在可是遍地开花,从幼儿园到大学都能看到它的影子。比如在K12教育里,它能帮老师改作业,还能提供个性化的辅导,这样一来,老师的工作压力就减轻了不少。在大学那边,这个平台又能提供在线课程和远程实验室,让更多的学生能够接触到优质的教育资源,不受地理位置的限制。

智能教育平台的崛起,对传统教育模式来说,简直是一种颠覆。它打破了那种"一刀切"的教学方式,让教育变得更加个性化和智能化。不过,这种变化也带来了一些挑战,比如老师们的角色的转变,教育公平性的问题,还有技术怎么更好地和教育融合,这些都是我们需要思考和解决的问题。

结尾（待确认 OK 后继续）。

（这部分内容等您确认 OK 后，我再接着用更口语化的方式写下去。）

OK。

太好了，那我们继续来聊聊结尾的部分。

结尾：

说到这里，智能教育平台的优势和挑战都已经摆在我们面前了。它不仅为学生们打开了一扇通往个性化学习的大门，也为教育工作者提供了强大的工具。但正如一枚硬币有两面，我们也要正视它带来的挑战。

未来的路还很长，我们需要一起努力，让智能教育平台更好地服务于每一位学生，每一位教育者。这不仅仅是技术的进步，更是教育理念的更新。我们鼓励学生主动探索，教师不断创新，家长积极参与，共同构建一个更加开放、包容、智能的教育生态系统。

最后，我想邀请大家一起参与进来。无论是分享您的教育经验，还是提出宝贵的建议，每一点想法都是推动教育进步的力量。让我们携手共创，迎接智能教育的美好未来！

感谢大家的聆听和参与，期待在评论区看到你们的精彩留言和讨论。别忘了，教育的未来，就掌握在我们手中！

好的，把三个部分合起来。

第 7 天 以微小付出破除坚持的痛苦

想象一下,如果在一个课堂上,每个学生都能根据自己的学习进度和能力,获得量身定制的学习计划,会是怎样的情景?又或者,一个偏远地区的学生能够通过虚拟现实技术,体验到与城市学生相同的高质量教育资源,这又将如何改变他的学习生涯?再进一步,如果教育系统能够实时分析学生的学习行为,预测并解决学习中的难题,教育的未来又会是怎样的一幅图景?

这三个场景,正是智能教育平台正在逐步实现的梦想。接下来,让我们一起探索智能教育平台的核心功能、应用场景,以及它对传统教育模式的深刻影响。准备好了吗?让我们一起揭开智能教育的神秘面纱。

咱们来看看智能教育平台的核心功能,这玩意儿真挺牛的。首先,它用大数据和人工智能的技术,能实时分析学生们是怎么学的,哪些地方学得不够好。这样一来,平台就能精确地找出每个学生知识上的短板。而且,它还能根据这些分析结果,灵活地调整教学内容和进度,确保每个学生都能得到最适合自己的学习材料。

再说,这个平台的互动性和趣味性也是相当棒的。想想看,通过游戏化学习、虚拟现实(VR)和增强现实(AR)这些高科技,学习变得更有意思了,学生们也更愿意投入进去。

再谈谈应用场景,智能教育平台现在可是遍地开花,从幼儿园到大学都能看到它的影子。比如在 K12 教育里,它能帮老师改作业,还能提供个性化的辅导,这样一来,老师的工作压力就减轻了不少。在大学那边,这个平台又能提供在线课程和远程实验室,让更多的学生能够接触到优质的教育资源,不受地理位置的限制。

智能教育平台的崛起,对传统教育模式来说,简直是一种颠覆。它打破了那种"一刀切"的教学方式,让教育变得更加个性化和智能化。不过,这种变化也带来了一些挑战,比如老师们的角色的转变,教育公平性的问题,还有技术怎么更好地和教育融合,这些都是我们需要思考和解决的问题。

结尾:

说到这里,智能教育平台的优势和挑战都已经摆在我们面前了。它不仅为学生们打开了一扇通往个性化学习的大门,也为教育工作者提供了强大的工具。但正如一枚硬币有两面,我们也要正视它带来的挑战。

未来的路还很长,我们需要一起努力,让智能教育平台更好地服务于每一位学生,每一位教育者。这不仅仅是技术的进步,更是教育理念的更新。我们鼓励学生主动探索,教师不断创新,家长积极参与,共同构建一个更加开放、包容、智能的教育生态系统。

最后,我想邀请大家一起参与进来。无论是分享您的教育经验,还是提出宝贵的建议,每一点想法都是推动教育进步的力量。让我们携手共创,迎接智能教育的美好未来!

感谢大家的聆听和参与,期待在评论区看到你们的精彩留言和讨论。别忘了,教育的未来,就掌握在我们手中!

至此,通过AI一段一段产出的内容,再历经我们逐个调整之后,就生成了与我们预期相符的讲稿了。

在这个 AI 与人类共舞的时代，我们学会了如何与它相处，如何引导它，如何从它的特性中找到合作的平衡点。编瞎话、走极端、爱偷懒，这些或许都是 AI 的小脾气，但正如我们对待孩子一样，耐心与指导是关键。在这里，我们必须强调，AI 的使用核心是人的引导。通过不断地尝试与磨合，我们不仅能够更好地利用 AI 的智慧，还能在这个过程中，提升自己的应变能力和创造力。

所以，当你再次与 AI 携手共进时，不妨带着一颗宽容和理解的心，去感受这个智能伙伴带来的无限可能。毕竟，它不是一个完美的存在，但它确实是一个能够帮助我们拓宽视野、提高效率的得力助手。而这一切，都依赖于我们人的引导和驾驭。让我们在降低期待的同时，也不断提升自己，共同推动这个世界的进步。

最终，我们会发现，与 AI 的相处之道，其实也是自我成长的过程。在这个过程中，我们学会了如何更好地驾驭技术，如何在智能时代的浪潮中立足。感谢 AI，让我们在探索未知的同时，也遇见了更好的自己。未来的路还很长，让我们携手 AI，共创美好未来，而这一切的美好，都源于人的引导和智慧。

第 7 天的启航之路——写给准备出发的你

张俊回到家，在完成了第一天的打卡，把内容发到群里后，长舒了一口气。但是又有些忐忑不安，期待收到群里的反馈。

就在这时候，他突然收到了一封丫丫老师发来的邮件。

致开启演讲打卡之路的你：

2019 年年底，朋友和我聊天，问：丫丫，我觉得你这一年发生了很大变化哦,你是有每天坚持在做一件什么事吗?

我想了半天,2019年我真的挺努力的,要说坚持做的一件事,应该就是每天不管再苦再累,上床以后,我都强迫自己不要马上睡觉。那干什么呢?看一会儿电视再睡吧。

但是这话说给朋友听,有点丢人。于是我异常心虚地说:当然是练习演讲了!同事两眼放光,说:"那我们可以相互监督一起练习呀!"好吧,既然话说了,就得真的开始了。

于是我建立了即兴演讲打卡群。

打卡可以发任何内容:运动、书法、做菜、演讲等,目的是加深链接。

从练习演讲的角度,根据通常难易度划分为几种模式:

模式1:每天阅读素材;

模式2:每天阅读素材+谈感受;

模式3:每天阅读自己写作的内容;

模式4:每天就任一话题脱稿发表自己的看法。

使用的形式可以有:文字、语音、视频等。其中难度最大的就是视频,因为不能停顿,需要流畅完成。

一开始只想要大家监督我们,我在群里立了一个flag(都知道flag立了是很容易倒的),如果哪天没有打卡,就要发红包到这个监督小群。我们没有强迫群里每个人都必须每天打卡,最开始打卡的只有我俩,渐渐地,人多起来了。他们也像我一样,在群里打卡,一开始是隔三岔五的,后来有几位也像我一样立了flag。就这样,我们的打卡小群加入了其他伙伴。我们不仅每天一起打卡、收获成长福利,时不时还能收到别人忘记打卡发的红包福利。哈哈!

第 7 天　以微小付出破除坚持的痛苦

有人对我说:"真佩服你们这群人。"真的因为我们很厉害吗?我想,只是我们找到了坚持这件小事的理由罢了。一开始支持我坚持的只是一年下来竟然没有坚持做一件有价值的事情的愧疚感,到后来我发现可以通过这个打卡锻炼自己的即兴演讲,同时作为素材库储存素材。在很多即兴演讲的场合,我都用到了我每天打卡储存的素材做了完整的即兴演讲。技能提升方面,一开始要写逐字稿,搭框架才能流畅表达,到后来基本可以张口就来。准备打卡的时间,也从需要 30 分钟以上,在短短 2 个月内缩短到了 3 分钟以内。尝到了甜头,自然就能继续下去了。而不同的人在打卡这件事上收获的东西其实是不一样的。比如学员小陈,平时是比较内敛的一个小伙伴,第一天我听他打卡还怯生生地,直到最近我听他打卡已充满了能量,他说他在每天的打卡中开始调整自己的语速、语气。还有一位小伙伴打卡发的不是演讲稿,而是打卡运动,希望通过坚持不懈的努力可以练出想要的腹肌。

除了打卡,我们还增加了要给上一个人做反馈的游戏规则。因为有了及时的反馈,我们原本只是线上网友,却进一步加深了链接。每个人都是付出者,会无私地及时反馈,而每一个又是受益者,会因他人的真诚反馈而获得成长。因为在这里我们不会忽略任何一个打卡的人,只要参与,就会获得成长。

罗振宇跨年演讲举过这样一个例子:哈佛大学期末考试前有个压轴大戏——裸奔,意味着释放压力。一个人裸奔很奇怪,对吧?那一群人裸奔呢?当你在这一群人中的时候,你会比自己一个人裸奔的时候更加从容和自在,对吧?毕竟调皮的不是自己一个人,这反而还很有趣。

有的事你一个人不敢干,也干不了,但是在一群人中,不仅干了而且还从容又自在。和一群人在一起，你还是你，但你又比原来的你多了点什么。

  从 2019 年到现在，我多了 1600 多条的视频打卡痕迹，多了因为打卡提升的口才表达能力，多了视频剪辑能力，多了给他人快速精准的表达反馈能力，多了很多跟随和见证自己的学员……一件小事，持续坚持，就能有这么多收获！

  新的一年，你想为自己立一个 flag，请你尝试和一群人去共同完成，我相信这个 flag 再也不是那么轻易就会倒下的。

  希望你的所有愿望都能实现，和志同道合的一群人一起出发吧！

丫丫老师

后记

时光荏苒,转眼间这本书已经完成,呈现在大家面前。在此,我想对每一位翻阅本书的朋友说一声:感谢。感谢你们的信任,让我有机会与你们分享我在口才提升之路上的心得与感悟。

回想本书的创作过程,我深感责任重大。每一个案例、每一个练习、每一条建议,都凝聚着我对这些年来辅导学员的总结与思考。我希望,这本书能成为你们在提升口才道路上的指路明灯,帮助你们在关键时刻,自信地表达自己。

在撰写这本书的过程中,我不断反思自己的教学经验,也深刻体会到"刻意练习"的重要性。正如我在书中所提到的,口才的提升并非一蹴而就,而是需要在明确的目标、及时的反馈、专注的态度和不断走出舒适区的过程中,逐步积累和成长。

我深知,每一位读者都有着不同的背景和需求,但我们都渴望在表达中找到自己的价值和力量。这本书旨在为大家提供一套系统、实用的口才提升方法,让大家在短时间内取得显著的进步。

在此,我想对那些曾经找我辅导的学员说一声:谢谢。是你们的信任和努力，让我坚信这套方法的价值，也坚定了我将之整理成书的决心。你们的成长和蜕变，是我最大的动力。

最后，我想对每一位读者说：不要害怕表达，不要畏惧舞台。只要我们遵循"刻意练习"的原则，不断实践、总结、反思，我们都能在人生的舞台上，熠熠生辉。请相信，你的声音有着改变世界的力量。

愿这本书陪伴你，走过提升口才的每一个日夜，见证你的每一次成长。愿我们在表达的海洋中，携手共进，共创辉煌。

江丫丫
2024 年秋